INHALT

Einkaufen → S. 62

Am Abend → S. 70

Übernachten → S. 78

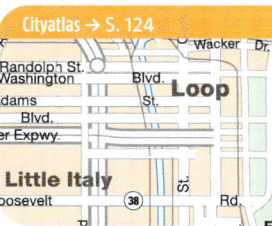
Cityatlas → S. 124

KARTEN IM BAND
(126 A1) Seitenzahlen
und Koordinaten verweisen
auf den Cityatlas und die
Umgebungskarten

Es sind auch die Objekte mit
Koordinaten versehen, die
nicht im Cityatlas stehen

Einen Liniennetzplan der
öffentlichen Verkehrsmittel
finden Sie im hinteren
Umschlag

UMSCHLAG HINTEN:
FALTKARTE ZUM
HERAUSNEHMEN →

FALTKARTE 📖
(📖 A1) verweist auf die
herausnehmbare Faltkarte
(📖 a1) verweist auf die
Zusatzkarten auf der Faltkarte

Die besten MARCO POLO Insider-Tipps

Von allen Insider-Tipps finden Sie hier die 15 besten

INSIDER TIPP ▶ Indianische Vergangenheit

Das *Oneida Nation Museum* bei Green Bay erinnert an einen der bedeutendsten Indianerstämme, die im Gebiet der Großen Seen siedelten (Foto o.) → **S. 100**

INSIDER TIPP ▶ Schmetterlinge, frei fliegend

Umflattert werden Sie im Butterfly Haven des *Peggy Notebaert Nature Museum*. Wissenschaft leicht gemacht in diesem interessanten Hands-on-Museum → **S. 42**

INSIDER TIPP ▶ Bootstour zu den Wolkenkratzern

Bei der *Architecture River Cruise* lernen Sie die Wolkenkratzer-Architektur von einer ganz besonderen Seite kennen (Foto re.) → **S. 50**

INSIDER TIPP ▶ Bunte Bonbons

Unter den süßen Delikatessen im Kaufhaus *Macy's* sind die seit 1929 selbst produzierten Frango Mints ein echter Knaller → **S. 66**

INSIDER TIPP ▶ Mit Gangstern auf Sightseeing-Tour

Untouchable Tours – die originelle Stadtführung mit kundigen Guides in Al-Capone-Kostümen. Auch den Schauplatz des berüchtigten Valentine-Massakers lernen Sie dabei kennen → **S. 51**

INSIDER TIPP ▶ Grünes Restaurant mit Dachgarten

Im *Uncommon Ground* wird ausschließlich Fleisch von frei lebenden Tieren verarbeitet, und das organisch gezogene Gemüse kommt zumindest teilweise aus dem eigenen Rooftop Garden auf dem Dach → **S. 59**

INSIDER TIPP ▶ Golden Fifties

Erstklassige Cheeseburger und angenehme süße Milkshakes wie zu Elvis' Zeiten – man kann halt nicht immer Diät leben. Und bei *Ed Debevic's* stimmt auch das Ambiente. Wenn der King seine Hits schmettert, tanzen die Bedienungen auf dem Tresen → **S. 58**

INSIDER TIPP **Historischer Charme**

In der romantischen Kleinstadt *St. Charles* tuckert sogar ein Schaufelraddampfer auf dem Fox River. zu den Top-Veranstaltungen gehören die County Fair und der riesige Flohmarkt → S. 106

INSIDER TIPP **Jazz für Kenner**

Der beste Jazz, ob traditionell oder modern, wird im *Green Mill* gespielt. Und sonntags trifft man sich zum Poetry Slam → S. 75

INSIDER TIPP **Hotel der Zukunft**

Modernes Design und europäische Eleganz im *Sofitel Water Tower,* und die Aussicht auf die Wolkenkratzer ist auch nicht übel → S. 80

INSIDER TIPP **Gesund und gut**

Die Bio-Supermarktkette *Whole Foods* ist auch in Chicago mit einem riesigen Supermarkt vertreten. An der vielseitigen Lunch- und Salatbar können Sie sich einen schmackhaften Imbiss selbst zusammenstellen → S. 59

INSIDER TIPP **Preiswert wohnen**

Ein einfaches, sauberes Motel mit ausgesprochen freundlichem Personal ist das *Heart O'Chicago Motel.* So preiswert wohnen Sie sonst nur in Jugendherbergen → S. 84

INSIDER TIPP **Bäckerei der Extraklasse**

Brot und feinen Kuchen gibt's bei *Red Hen Bread,* der Trendbäckerei in Wicker Park/Bucktown. Wer zusätzliche Kalorien braucht, wählt die Pecan Sticky roll – süßer geht's nimmer → S. 64

INSIDER TIPP **Supercoole Harleys**

Die Lieblingsmaschine von Elvis und kultige Bikes aus der über hundertjährigen Harley-Geschichte im *Harley-Museum* in Milwaukee. Auch die Bikes aus „Easy Rider" sind dabei → S. 105

INSIDER TIPP **Schmackhafte Suppen**

Mal was anderes als Hamburger und Pizza: frisch zubereitete Suppen in der *Soupbox.* Alle Zutaten kommen vom Markt → S. 61

BEST OF ...

TOLLE ORTE ZUM NULLTARIF
Neues entdecken und den Geldbeutel schonen

SPAREN

● **Lokale Kunst**

Der Historic Water Tower, in dem einst der Wasserdruck reguliert wurde, beheimatet die *City Gallery,* eine ständige Ausstellung von Fotografien und anderen Kunstwerken lokaler Künstler. Der Besuch der Ausstellung und des historischen Bauwerks ist frei → S. 40

● **City-Oase**

Mit über 2,5 Mio. Pflanzen in 25 Gärten und vier Naturgebieten überrascht der *Botanic Garden.* Besonders farbenprächtig präsentieren sich der Rose Garden und die Orchideen. Die frei zugängliche Anlage wurde 1890 unter dem Motto „Die Stadt im Garten" eröffnet → S. 47

● **Konzerte im Park**

2004 eröffnete der riesige Millennium Park im Herzen Chicagos. In den gepflegten Grünanlagen mit kunstvoll angelegten Gärten lässt es sich herrlich entspannen. Auf der Freilichtbühne des *Jay Pritzker Music Pavilion* finden im Sommer auch kostenlose Konzerte statt → S. 35

● **Stadtführungen**

Was gibt es Besseres, als sich die Stadt von Einheimischen zeigen zu lassen? Die *Chicago Greeters,* eine Vereinigung von über 200 Bürgern, kennen die Stadt wie ihre Westentasche und teilen ihre Erfahrungen auf einem mehrstündigen Spaziergang durch „ihr" Viertel → S. 40

● **Tiere besuchen**

Über tausend Tiere, darunter Elefanten, Menschenaffen, Nashörner, Bären und höchst seltene Raubkatzen, warten in den fantasievoll gestalteten Gehegen des *Lincoln Park Zoos* auf ihren Besuch. Der Zoo – Eintritt frei – gehört zu den schönsten der USA (Foto) → S. 42

● **Strandurlaub**

Kaum zu glauben, aber wahr – auch sonnenhungrige Urlauber kommen in Chicago auf ihre Kosten – und das zum Nulltarif. Innerhalb des Stadtgebiets liegen zahlreiche Strände am Lake Michigan. Der *Loyola Beach* ist am schönsten → S. 51

● ● ● ● Diese Punkte zeichnen in den folgenden Kapiteln die Best-of-Hinweise aus

● Wolkenkratzer

Chicago begeistert mit der eindrucksvollsten Skyline aller amerikanischen Städte. Seine Wolkenkratzer zeichnen sich durch ihre kreative Architektur aus: das *Board of Trade* mit Art-déco-Verzierungen, der Prachtbau des *Chicago Tribune Tower* mit Bruchstücken berühmter Gebäude der Weltgeschichte, das *James R. Thompson Center* mit der imposanten Eingangshalle → S. 32, 33, 37

● Jahrmarkt am See

Der nostalgische Vergnügungspark am *Navy Pier,* einem ehemaligen Trainingsgelände der Marine am Ufer des Lake Michigan, hat den ganzen Sommer geöffnet. Aus einer Gondel des gewaltigen Riesenrads haben Sie einen herrlichen Ausblick auf die Stadt (Foto) → S. 40

● Ganz hoch oben

Selbst aus Chicagos imposanter Skyline ragt der *Willis Tower* noch heraus: Mit 110 Stockwerken und 430 m Höhe gehört er zu den höchsten Gebäuden der Welt. Entsprechend eindrucksvoll ist der Rundblick vom Skydeck im 103. Stock → S. 36

● Steinernes Symbol

Der *Historic Water Tower* gehört zu den berühmtesten Gebäuden der Stadt. Als eines der wenigen Bauwerke, die das große Feuer von 1871 überlebten, symbolisiert er das „Jetzt-erst-recht-Gefühl" der Bürger. Erst nach dem Brand wuchs Chicago zu einer der bedeutendsten Metropolen der USA heran → S. 37

● Rock 'n' Roll Burger

Zum 50. Geburtstag beschenkte sich *McDonald's* mit diesem nostalgisch gestylten Superrestaurant. Mit zahlreichen Memorabilia bekannter Rockstars, einem kleinen Museum und Rock 'n' Roll nonstop auf vielen Flatscreens schmecken die Burger doppelt gut → S. 61

● Shoppingmeile

Als *Magnificent Mile* firmiert die Michigan Avenue zwischen Oak Street und Chicago River. Vergleichbar mit der Fifth Avenue in New York sind hier die Flagship Stores bekannter Edelmarken wie Tiffany, Armani und Chanel → S. 63

TYPISCH

BEST OF ...

SCHÖN, AUCH WENN ES REGNET

Aktivitäten, die Laune machen

REGEN

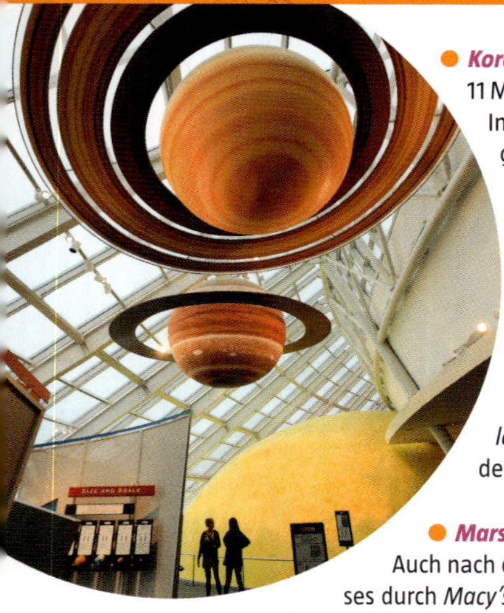

● ***Korallenriff***

11 Mio. I Wasser und doch trocken bleiben: Im *John G. Shedd Aquarium,* dem derzeit größten überdachten Aquarium der USA, gibt es u. a. ein riesiges Korallenriff mit Haien, Rochen, Barrakudas und vielen farbenprächtigen Fischen → S. 33

● ***Sterne gucken***

Mit großem Hightech-Aufwand und erstaunlichen Special Effects begeistern die Universen und Sternenhimmel im *Adler Planetarium.* Inklusive Nahaufnahmen des Monds und der Planeten (Foto) → S. 29

● ***Marshall Field's***

Auch nach der Übernahme des legendären Kaufhauses durch *Macy's* hat sich in dem Shoppingtempel nichts verändert. Hier gibt es so gut wie alles. Allein die riesigen Treppenfluchten und nostalgischen Rolltreppen lohnen den Besuch → S. 66

● ***Moderne Architektur***

Das *Robie House* gehört zu den eindrucksvollsten Häusern des Architekten Frank Lloyd Wright, der bereits zu Beginn des 20. Jhs. mit großzügigen Bungalows überraschte. Es ist teilweise zu besichtigen, und eine Führung bringt Ihnen den berühmten Baumeister nahe → S. 46

● ***Historisches Chicago***

Ein Rundgang durch die Ausstellungshallen des *Chicago History Museum* führt in die Vergangenheit und zeichnet die Entwicklung der Stadt von ihrer Gründung als Wildnisposten bis ins 21. Jh. nach. Für junge Besucher gibt es einen Extraraum mit interaktiven Spielen → S. 41

● ***Food Heaven***

Mariano's Fresh Market ist ein riesiger Gourmettempel mit diversen Frischestationen. Und wenns draußen gießt, lassen Sie sich den gekauften Fisch oder das Steak gleich kostenlos grillen → S. 66

ENTSPANNT ZURÜCKLEHNEN
Durchatmen, genießen und verwöhnen lassen

● **Mittagsruhe**
Immer noch zu den Geheimtipps gehört der Riverwalk unterhalb der Michigan Avenue Bridge am Ufer des Chicago River. Rund um den *Centennial Fountain,* aus dem in regelmäßigen Abständen eine Wasserfontäne schießt, lässt es sich herrlich entspannen → S. 47

● **Kreuzfahrt**
Sightseeingtouren und Dinner Cruises mit Abendessen und Showprogramm auf dem Lake Michigan bieten die gemächlichen Kreuzfahrten mit der Luxusyacht *„Spirit of Chicago".* Besonders abends ist der Blick auf die Skyline atemberaubend → S. 40

● **Blumenparadiese**
In einer kleinen Bahn fahren Besucher ganz entspannt durch die prächtigen Gärten des *Chicago Botanic Garden.* Zu weit wären sonst die Entfernungen. Besonders eindrucksvoll: die English Walled and Rose Gardens, die Japanese Islands und der Waterfall Garden (Foto) → S. 47

● **Friedhofsruhe**
Ein Spaziergang über einen Friedhof kann beruhigend sein. Der *Graceland Cemetery* ist der schönste, er wurde bereits 1860 angelegt und sollte damals schon Ruhestätte für die Toten und Erholungsstätte für die Lebenden sein → S. 47

● **Hochbahn fahren**
Eine Rundfahrt mit der *„El(evated)"* gehört zu den erholsamen Vergnügen. Reinsetzen, zurücklehnen und die Fahrt genießen. Mit der Brown Line macht es am meisten Spaß: rund um den Loop, dicht an den historischen Wolkenkratzern vorbei und über den Fluss → S. 20

● **Baseball gucken**
Auch wenn man keine Ahnung von Baseball hat: Ein Nachmittag bei den Chicago Cubs gehört zum Erholsamsten, was die Stadt zu bieten hat. Auf der Tribüne im *Wrigley Stadium* die Sonne genießen, einen Hotdog essen, eine Coke schlürfen – was will man mehr? → S. 76

AUFTAKT

ENTDECKEN SIE CHICAGO!

„Schweinemetzger für die Welt", schrieb Carl Sandburg in seinem berühmten Gedicht „Chicago Poems" über die Stadt, „Werkzeugmacher, Weizenstapler, Spieler mit Eisenbahnen und Frachtenverteiler der Nation, stürmisch, rüde, lärmerfüllt. Stadt der breiten Schultern." Was hat man nicht alles über Chicago gehört. Düster, unheimlich und erdrückend erscheint die Stadt auf historischen Bildern, man denkt an John Dillinger und Al Capone und ratternde Maschinenpistolen. Der Wind heult durch die Straßenschluchten: „Windy City", ein Beiname, der nicht jedem gefällt. Was für eine Überraschung, wenn man zum ersten Mal in diese Metropole kommt und alle Vorurteile von der Wirklichkeit verdrängt sieht. Sicher, es hat die legendären Schlachthöfe gegeben, aber heute stehen dort nur noch Ruinen. John Dillinger und Al Capone sind längst tot, und die Kriminalitätsrate liegt unter der vieler anderer Städte.
Es bleibt das extreme Klima, es bleibt das Rattern der Hochbahn, immer noch ein Markenzeichen der Stadt. Es bleibt die düstere Atmosphäre der Vororte, in denen man über finstere Stahltreppen in ein Labyrinth von Straßen hinabsteigt. Manchem

Besucher wird dabei mulmig, doch trifft man am Ende der Treppe meistens nette Leute. Überhaupt: Die Menschen sind freundlicher und humorvoller als zum Beispiel die New Yorker. „The Second City" nannte sich eine Kabarettistentruppe Ende der 1960er-Jahre und meinte damit Chicago als die Nummer zwei hinter New York. Doch Chicago ist ehrlicher und aufregender als New York. So denken nicht nur die Einheimischen. Die Metropole am Lake Michigan ist längst zur Vorzeigestadt geworden, eine ausufernde und laute Großstadt zwar, manchmal sogar erdrückend, aber auch weltoffen und kosmopolitisch. Chicago hat die höchsten Wolkenkratzer und längsten Shoppingmeilen, die eindrucksvollste Skyline, die geschäftigste Innenstadt, aber auch unendlich viele Museen, Theater und Kleinkunstbühnen, Diskotheken und Blueslokale, Strände, Parks und Radwege, dazu erstklassige Hotels und Restaurants. Die Stadt zieht sich 30 Meilen am Lake Michigan entlang und bietet ungefähr 2,7 Mio. Bürgern ein Zuhause – auf einer Fläche, die zwei Drittel von New York City mit seinen über 8 Mio. Einwohnern einnehmen würde.

Aus Shegahg – Land der wilden Zwiebeln – wurde Chicago

Im 17. Jh. waren Louis Jolliet und Pater Jacques Marquette die ersten weißen Männer am Ufer des Lake Michigan, dort, wo später Chicago entstehen sollte. Damals gab es nur ein paar Indianerhütten und Wälder, in denen wilde Zwiebeln in Hülle und Fülle wuchsen. Deshalb nannten die Chippewa den Ort auch „Shegahg", das Land der wilden Zwiebeln. Später wurde dieses Indianerwort zu „Chicago". 1673 gründete Jacques Marquette eine Mission. Die Gegend blieb bis ins späte 18. Jh. unter französischer Herrschaft, dann kamen amerikanische Siedler, und Chicago wuchs

Ein Stück Fernost in Amerikas Norden: die Wentworth Avenue in Chinatown

zu einer Stadt mit 40 000 Ew. heran. Die Lebensbedingungen waren schlecht, und es gab viel Armut innerhalb der Stadtgrenzen. Erst mit dem Ausbau der Eisenbahn und der Eröffnung des Illinois & Michigan Canal änderte sich die Situation. Chicago wurde zum größten Viehverladebahnhof der Nation, zum Verkehrsknotenpunkt und blühenden Handelszentrum. Nichts schien diesen Boom aufhalten zu können, bis es am 9. Oktober 1871 zu einer Katastrophe kam, der beinahe die ganze Stadt zum Opfer fiel. Beim großen Feuer von Chicago mussten mehr als zweihundert Menschen ihr Leben lassen, über 90 000 Menschen verloren ihr Heim und ihre Habe. Der finanzielle Schaden belief sich damals auf 200 Mio. Dollar.

Das Unglück hinterließ grausame Spuren in Chicago, wurde aber auch zur Bewährungsprobe für die Bürger. Der totale Zu-

Ein Experimentierfeld für avantgardistische Architekten

sammenbruch blieb aus, und ein nie erwartetes Wirtschaftswunder ließ die Stadt in neuem Glanz erstrahlen. International anerkannte Architekten nutzten die Gunst der Stunde und planten die höchsten und kühnsten Gebäude. Innerhalb weniger Jahre bauten sie ein neues Chicago auf. Der Wasserturm, das einzige Gebäude, das den Brand unbeschadet überstanden hatte, wurde zum Symbol für den Lebenswillen der Stadt und ihrer Bürger. So entwickelte sich Chicago nach dem Feuer zu einem Experimentierfeld für kreative und avantgardistische Architekten und Künstler. Sie waren entschlossen, Chicago zu einer der attraktivsten Städte der Welt zu machen. An der Ecke La Salle und Monroe Street errichtete William Le Baron Jenney 1885 eine zehnstöckige Konstruktion aus Stahlrahmen und Steinen, ein für die damalige Zeit revolutionäres Unternehmen. Das Experiment gelang: Das Home Insurance Building war stabiler als alle anderen Häuser, und der Begriff des Wolkenkratzers war geboren.

Neue Akzente setzte auch die World's Columbia Exposition, eine gewaltige Weltausstellung, die 1893 stattfand und auf ideale Weise das Wirtschaftswunder dokumentierte, das Chicago nach dem großen Feuer zu einem neuen Boom verhalf. Bereits im ersten Jahrzehnt des 20. Jhs. kletterte die Einwohnerzahl über die 2-Mio.-Grenze, nahm der Handel einen beinahe beängstigenden Aufschwung. Elektrische Eisenbahnen verkehrten auf hochgelegten Schienen, ein riesiger Bahnhof wurde eröffnet, und die Filmindustrie entdeckte die Stadt. Die kulturelle Szene explodierte, und die Theateraufführungen und Konzerte konnten sich mit den besten in Europa messen. Erst am Schwarzen Freitag des Jahres 1929 läutete der Börsenkrach das Ende des allgemeinen Wohlstands ein – nicht nur in Chicago, sondern in ganz Amerika. Im Zuge der Prohibition in den 1930er-Jahren machte lediglich die organisierte Kriminalität unaufhörlich Profit. Auch Gangsterbosse wie Al Capone und John Dillinger machten sich mit ihren Banden Chicago zur Heimat.

Aber Chicago ist schöner und besser als sein Ruf aus vergangenen Zeiten: Die Skyline mit ihren schlanken Wolkenkratzern ist faszinierend, besonders vom See aus gesehen, und innerhalb des Loop liegt die Innenstadt, ein durch die Schienen der Hochbahn gebildeter Ring, der sich über fünfunddreißig Blocks erstreckt. Innerhalb dieser Grenzen spielt sich das geschäftliche Leben von Chicago ab. Hier liegt der gewaltige Willis Tower, in dem 16 000 Menschen arbeiten, eine Stadt innerhalb der Stadt. Hier verläuft die State Street mit der sieben Blocks langen, gleichnamigen Einkaufsmeile. Am Seeufer lockt der Millennium Park mit Kunst, Kultur, außergewöhnlicher Architektur und Gartenanlagen.

Die 1960er-Jahre – in Kalifornien eine Ära des Aufbruchs – brachten eine gewisse Stagnation. Chicago hatte Probleme: In den Schwarzenvierteln der City gab es Unruhen, und die Bürger zogen in die Vorstädte. Erst am Ende des Jahrzehnts konzentrierte man sich wieder auf die Innenstadt: Das John Hancock Center entstand, damals mit hundert Stockwerken das fünfthöchste Gebäude auf der Welt. Der Willis Tower wurde in den 1970er-Jahren erbaut und war als Sears Tower lange Zeit der höchste Wolkenkratzer der Welt. Beinahe futuristisch mutet das James R. Thompson Center an, das 1985 entstand und von dem deutschen Architekten Helmut Jahn entworfen wurde. Wie ein gewaltiges Raumschiff erhebt sich das asymmetrische Gebilde aus Stahl und Glas an der Lake Street. Die Meinungen über dieses Traumgebilde gehen auch heute noch auseinander, aber alle erkennen den Mut und die Kreativität des Bayern an, der auch im modernen Nebenbau des Board of Trade einen gläsernen, lichtdurchfluteten Innenhof schuf.

Außerhalb des Loop atmet die Stadt durch, wirkt sie freier und großzügiger, besonders auf der prachtvollen Michigan Avenue. Auf der einen Seite erheben sich die Wolkenkratzer des Loop, auf der anderen öffnet sich die Straße zum Grant Park und zum uferlos scheinenden Lake Michigan. Jenseits des Chicago River liegen beschaulichere Wohnviertel wie Streeterville, warten teure Boutiquen, luxuriöse Hotels und exklusive Restaurants

Der Blues hat Memphis verlassen und wurde in Chicago heimisch

auf Kunden. In Cicero, einem Vorort mit verfallenen Häusern und Lagerhallen, hallt noch das Echo der Schüsse nach, die Al Capone & Co. am Valentinstag abfeuerten. Und in Gedanken hört man immer dieselbe Musik: einen Blues, getragen von einer schwarzen Stimme, deren Traurigkeit nicht einmal vom Rattern der Hochbahn vertrieben wird. Der Blues, der Memphis und New Orleans vor vielen Jahren verlassen hat, ist in Chicago heimisch geworden.

Chicago und Kultur – für viele Menschen, die noch nie in dieser Stadt waren, zwei Begriffe, die nicht zusammengehören. Und doch rühmt sich gerade Chicago einer sehr großen und lebendigen Kulturszene. Das Chicago Symphony Orchestra untermauert diesen Ruf in musikalischer Hinsicht.

Über sechzig professionelle Theatergruppen arbeiten hier, und manch ein großer Filmstar ging aus kleinen Vorortensembles hervor. Berühmt ist die Stadt auch für ihre Museen und Galerien. Am größten

Chicago rühmt sich seiner Kulturszene

und interessantesten ist das Museum of Science and Industry, ein gigantisches Gebäude, in dem man die Wunder von Wissenschaft und Technik nicht nur bestaunen, sondern erfahren kann. Kunstfreunde schätzen The Art Institute of Chicago, das 1893 anlässlich der Weltausstellung errichtet wurde. In dem kolossalen Bau sind große

Erfrischendes Fußbad mitten in der City: der Crown Fountain im Millennium Park

Meister wie Rembrandt, El Greco und vor allem Impressionisten wie Auguste Renoir, Edouard Manet und Claude Monet vertreten. Zwei Bronzelöwen des amerikanischen Bildhauers Edward L. Kemey flankieren den Eingang des renommierten Museums und blicken auf den Beginn der legendären Route 66 an der Kreuzung Michigan Avenue und Jackson Street.

Chicago, the Windy City. Die Stadt mit den breiten Schultern. Glitzernd und grundehrlich. Amerikanisch. Auf Fortschritt gepolt und dem übrigen Amerika immer einen Schritt voraus. Frank Lloyd Wright, der große Architekt, sagte: „Irgendwann wird Chicago die letzte schöne Großstadt der Welt sein."

IM TREND

1 Ins Glas

Drinks Marshmallows sind der Hit im In-Drink Smore'Tini im coolen *Silver Cloud (1700 N. Damen Ave. | www.silvercloudchicago.com),* im *Aria (200 N. Columbus Dr. | www.ariachicago.com)* kommen Estragon und Pfirsich in den Gin, und in der *NoMI Lounge (800 Michigan Ave. | www.hyatt.com/gallery/nomi/index.html)* im Park Hyatt würzt Lavendel ihn. Keine Frage: Ungewöhnliche Cocktailkreationen sind in Chicago der Hit. Bei der aktuell angesagten *Aviary Bar (Ecke Fulton Market/Morgan St. | www.theaviary.com)* sollte man sich mittelfristig um eine Reservierung bemühen. Hier wird Gin mit Gewürzen in einer Vakkum-Kaffeemaschine zubereitet und tiefgekühlter Whiskey in einem „Glas" aus Eis serviert. Beinahe klassisch ist dagegen der Erdbeer-Martini im *Grand Lux Cafe (600 N. Michigan Ave.).* Die Alternative für Cocktail-Abenteurer: ein Ananas-Basilikum-Mojito. Angesagt sind auch die *beercades,* eine Mischung aus Retro-Spiele-Salon (vom Flipper bis zum Arcade-Videospiel) und (Bier-)Bar. Das *Headquarters Beercade (2833 N. Sheffield Ave.)* liegt im Lakeview District und ist für seine exquisiten Cocktails bekannt. Von denen gibt es rund ein Dutzend, und bei 37 verschiedenen Spielen kommt auch keine Langeweile auf. In der *Emporium Arcade Bar (1366 N. Milwaukee Ave.)* gibt es ebenfalls Cocktails und 50 verschiedene Whiskeysorten.

Water-Sightseeing

Neue Perspektiven Nicht nur die Armmuskeln kommen beim Kajaken auf Chicagos Wasserwegen zum Einsatz, auch der Sehmuskel wird beim Anblick der schicken Waterfront trainiert. Im Gegenzug können dafür müde Füße geschont werden. Mit *Kayak Chicago (www.kayakchicago.com)* geht es auf Tour, die *Waterriders (www.wateriders.com)* bieten kunterbunte Thementouren an, zum Beispiel zum Michigansee-Feuerwerk. Der Name von *Chicago River (www.chicagoriverpaddle.com) (Foto)* ist Programm. Es gilt, die Stadt vom Fluss aus zu entdecken.

Kunstgenuss

Galerien Auch wenn die große Kunstmesse an die Ostküste abgewandert ist, lässt in Chicago niemand den Kopf hängen. In Chicagos Kunstszene wird immer etwas geboten. Nicht nur organisieren die großen Museen der Stadt abendliche Get togethers bei Wein und Kunst, auch die Galerien bieten spannende Schauen und Events an, um Kunstneulingen Berührungsängste zu nehmen. Am Fenster der *Carl Hammer Gallery (740 N. Wells St.)* bleiben sie so oder so alle stehen. Die Galerie ist bekannt für ihre sehenswerten Ausstellungen. Außerhalb des Galerienviertels lockt die *Rhona Hoffman Gallery (118 N. Peoria St.)* mit äußerst vielversprechenden, aber noch nicht der breiten Masse bekannten Künstlern. Auch die *Corbett vs. Dempsey Gallery (1120 N. Ashland Ave.)* sollten sich Fans der zeitgenössischen Kunst nicht entgehen lassen.

Very fashionable

Mode Die lokale Modeszene ist spannend wie lange nicht mehr. Beinahe ekstatisch sind Modefans beim ersten Besuch des *Ikram (15 E. Huron St.)*. Der Laden lässt Fashionista-Herzen höher schlagen – und verursacht auch bei Bankberatern einen hohen Puls. Eine Must-Adresse für Frauen ist das *Blake (212 W. Chicago Ave.);* in der *RSVP Gallery (753 N. Damen Ave.)* im angesagten Bucktown werden auch Herren fündig. Dort gibt es außergewöhnliche Mode und Accessoires zu entdecken. Einzigartig und etwas avantgardistisch ist auch das Sortiment der *Gallery Aesthete (46 E. Oak St.)*, ebenso wie das von *ACRE Projects (1913 West 17th St | www.acreresidency.org)*. Wer weitere kleine Läden entdecken will, ist in der Oak Street genau richtig. Von vielen ersehnt, nun ist er da, der Flagshipstore des Designers *Tom Ford (66 E. Oak St. | www.tomford. com)*. Angesagte Lage im Gold-Coast-Viertel, im früheren Esquire-Theater: Für Männer gibt es den Menswear Salon, und etwas für die Platin-Kreditkarte wird im luxuriösen VIP Salon geboten.

STICHWORTE

ARCHITEKTUR

Chicago hat seine architektonische Vielfalt einer Katastrophe zu verdanken: Nach dem großen Brand, der 1871 einen großen Teil der Stadt in Schutt und Asche legte, strömten Baumeister aus der ganzen Welt heran, um beim Aufbau der Metropole zu helfen. Die Stadt wurde zum Experimentierfeld für mutige Architekten wie William Le Baron Jenney, der 1885 den ersten Wolkenkratzer baute: das zehnstöckige Home Insurance Building. Um die Wende zum 20. Jh. baute Frank Lloyd Wright seine nüchternen und auch heute noch avantgardistisch wirkenden Vorstadthäuser. Das Board of Trade mit seinen Art-déco-Verzierungen und der gesichtslosen Göttin des Getreides auf dem monumentalen Dach entstand in den 1920er-Jahren. Das Wrigley Building wurde 1921 nach dem Vorbild der Kathedrale von Sevilla konzipiert. Mit mehreren Stilelementen überrascht das Chicago Cultural Center, im Stil der Second Renaissance Revival (1890–1920) erbaut und in jedem Stockwerk mit unterschiedlichen Charakter. Mit seinen klassischen Säulen im obersten Stockwerk sollte es auch den Ruf der Stadt als kulturelle Metropole unterstreichen. Zu den bemerkenswertesten Beispielen postmoderner Architektur gehören auch das Harold Washington Library Center und der Wolkenkratzer 333 Wacker Drive.

CHICAGO RIVER

Kommerziell hat der Chicago River kaum noch eine Bedeutung, dennoch

Bild: Hochbahn im Loop

Straßenkunst zum Nulltarif: In Chicago steht die Kunst auf der Straße – und über allem rattert die Hochbahn

gehört er zu Chicago wie der Water Tower und das Navy Pier. 52 Brücken spannen sich über den Fluss, mehr gibt es in keiner anderen Stadt der USA. Noch vor hundert Jahren fuhren Frachter über den Fluss und ankerten vor den großen Fabriken an seinem Ufer, doch die verlassen sich inzwischen auf andere Transportwege. Auch seinen Ruf als „stinkender Fluss" hat der Chicago River verloren, seitdem 1900 seine Fließrichtung geändert wurde und der Abfall nicht mehr in den Lake Michigan fließt.

Seit einigen Jahren geht man daran, den Fluss in eine Art „amerikanische Seine" zu verwandeln. Der Riverwalk in Streeterville, romantische Ufer mit Springbrunnen und zahlreiche Fahrradwege haben ihn zu einem beliebten Ausflugsziel gemacht. Zu den Highlights der Stadt gehört die „Architecture River Cruise", eine gemütliche Fahrt über den Fluss, während der man wichtige Bauwerke der Stadt näher kennenlernt. Bemerkenswert: Jedes Jahr am St. Patrick's Day, dem höchsten irischen Feiertag, wird der Chicago River grün eingefärbt. Eine Verbeugung vor den vielen irischen Einwanderern, die vor allem 19. Jh. in die Stadt kamen und entscheidend zu ihrem Aufschwung beitrugen.

ELEVATED TRAINS

Kaum ein Kriminalfilm-Klassiker aus Chicago kommt ohne das Rattern der Hochbahn aus: sprühende Funken unter den Rädern, das Quietschen der Bremsen, wenn der Zug in einen Bahnhof fährt, und inmitten des Schienenkreises der Loop, die Innenstadt. Seit 1897 rattern die Züge der ● „L" oder „El" (Elevated) durch die Häuserschluchten. Die Hochbahn gibt es allerdings schon länger. Weil nach dem großen Feuer 1871 so viel gebaut wurde, gab es keinen Platz mehr für die Schienen einer Straßenbahn, und man entschloss sich, die Dampfzüge über den Straßen fahren zu lassen. Pünktlich zur Weltausstellung 1893 verkehrte die erste Linie zwischen Congress Street und dem Jackson Park, wo die World Exhibition stattfand. Um das Gelände herum fuhr bereits eine elektrische „El", die über eine dritte Schiene angetrieben wurde. 1895 fuhren drei Linien durch die Vororte. Heute stehen die Elevated Trains unter Denkmalschutz, und man kann sich Chicago ohne diese Züge nicht mehr vorstellen.

GANGSTER

Auf Al Capone, John Dillinger, Machine Gun Kelly und die anderen legendären Gangster der „Goldenen Zwanziger" werden die Leute in Chicago gar nicht gern angesprochen. Während der Prohibitionszeit war das anders. Da wurde Al Capone gefeiert, weil er mit einem Teil seiner reichen Beute die Suppenküchen nach dem „Schwarzen Freitag" organisierte. Der Börsenkrach am 29. Oktober 1929 hatte unzählige Menschen arbeitslos gemacht. Weniger zimperlich verfuhr der Gangsterboss mit verfeindeten Banden. Am 14. Februar 1929, dem Valentinstag dieses ereignisreichen Jahres, ließ er sieben Mitglieder der verfeindeten Moran-Gang mit Maschinenpistolen hinrichten. Seine Leute hatten sich als Polizisten verkleidet und die Moran-Leute gezwungen, die Hände zu heben. Das „St. Valentine Massacre" begründete den Mythos von Chicago als Gangstermetropole – ein Ruf, dem die Stadt glücklicherweise schon lange nicht mehr gerecht wird.

SINGIN' THE BLUES

Chicago ist die Hauptstadt des Blues. 1942 verließ McKinley Morganfield, besser bekannt unter seinem Künstlernamen Muddy Waters, das Mississippi-Delta und zog nach Chicago. Er tauschte die akustische gegen die elektrische Gitarre und schuf einen von treibenden Akkorden geprägten Blues, der als Chicago Blues bekannt wurde und noch heute gespielt wird. Mit Songs wie „Rollin' Stone", „Hoochie Coochie Man" und „Mannish Boy" hatte Muddy (1913–83) riesigen Erfolg.

Seit über sechzig Jahren ist Buddy Guy aktiv, einer der innovativsten Gitarristen des Blues. In seinem Lokal „Buddy Guy's Legends" geht er neue musikalische Wege, ohne den klassischen Blues, der die Szene in Chicago bestimmt, zu vergessen.

Chicago grünt: Auch auf dem Dach des Rathauses wurde ein „Rooftop Garden" angelegt

GREEN BAY PACKERS

Die Packers sind in den USA so bekannt wie bei uns Bayern München und der HSV. Nur dass in Green Bay, Wisconsin, die ganze Stadt kopfsteht, wenn die Spieler in Grün und Gold auflaufen. Denn die Packers gehören der ganzen Stadt, sind der einzige Footballclub der National Football League, der nicht im Besitz eines Milliardärs oder Industriellen ist. Fast alle Bürger besitzen Anteilscheine an den Packers, und entsprechend populär ist der Club. Die Wartezeit für eine Dauerkarte liegt bei unglaublichen dreißig Jahren. Im Stadionbereich erinnert eine Statue an Vince Lambeau, den legendären Trainer der Packers von 1958 bis 1968. Fünf Meisterschaften hat er geholt. Die begehrten Superbowl-Pokale – das Team holte insgesamt vier, den letzten in der Saison 2010/11 – stehen in der angrenzenden Packers Hall of Fame.

GREEN CHICAGO

Von wegen unbewohnbarer Wolkenkratzerdschungel: Das viel gescholtene Chicago ist die umweltfreundlichste und bewohnbarste Großstadt der USA. Am ungewöhnlichsten und von unten selten sichtbar sind die neuen „Rooftop Gardens", Gemüsegärten auf den Dächern etlicher Wolkenkratzer und Wohnhäuser. Seit 2001 wurden über 650 000 m² der Hochhausdächer mit diesen Dachgärten bedeckt, darunter das Chicago Cultural Center und der Apple Store an der Michigan Avenue. Bio-Gemüse, aber auch Blumen, Sträucher und Rasenflächen gedeihen in der Höhenluft.

Ein ganzer Park, der teilweise futuristisch gestaltete Millennium Park, entstand über unterirdischen Konzerthallen, Theatern, Vortragsräumen und anderen kulturellen Einrichtungen. Zu den grünen

Highlights der Stadt gehört das Garfield Park Conservatory mit über tausend verschiedenen Pflanzen in riesigen Gewächshäusern und großzügigen Parks und Gärten. Eine grüne Oase abseits der Innenstadt.

Doch damit nicht genug: Chicago verfügt über das zweitgrößte öffentliche Verkehrssystem der USA und das längste Netz von Fahrradwegen (fast 500 km), die ⚫ „Divvy"-Stationen, an denen sich jedermann per Tagespauschaleein Fahrrad ausleihen und an einer anderen Station wieder abgeben kann, und eine Vielzahl von grünen Hotels und Restaurants, die sich der ökologischen Idee verpflichtet fühlen.

K AUGUMMI

Wrigley's Spearmint Gum – ein Name mit Weltruf. Über 20 Mio. Päckchen mit dem legendären Kaugummi und verwandten Produkten wie „Juicy Fruit" und „Big Red" werden jedes Jahr von der Firma hergestellt. William Wrigley Jr. kam 1891 nach Chicago. Er war 29 Jahre alt und hatte 32 Dollar in der Tasche. Einige Jahre später war er Millionär. Als einer der ersten Unternehmer überhaupt verstand er es, seine Produkte zu vermarkten und in Zeitungen und auf Plakaten anzupreisen. Bereits 1893 waren „Juicy Fruit" und „Wrigley's Spearmint" eingetragene Marken. Heute werden die Streifen in über 140 Ländern der Erde gekaut. Über die Hälfte aller Kaugummis stammt von Wrigley's. Das Stammgebäude der Firma, das Wrigley Building, gehört zu den schönsten Wolkenkratzern von Chicago.

R OUTE 66

Der Highway 66 wurde am 11. November 1926 dem Verkehr übergeben, eine staubige Schotterstraße, die durch acht Bundesstaaten führte und nach 2448 Meilen (ca. 3940 km) am Pazifischen Ozean endete. Zum Mythos wurde die Straße, weil sie in die Freiheit führte, vom staubigen Mittelwesten ins sonnige Kalifornien, von der Depression in ein neues Wirtschaftswunder. Allerdings schafften es nur die wenigsten bis zur Westküste.

Heute markieren braune Schilder mit der Aufschrift „Historic Route 66" den Weg der unter Denkmalschutz stehenden Straße durch Amerika, das erste gegenüber vom Art Institute of Chicago, Die beiden Löwen vor dem Eingang des Museums bewachen den Beginn der Route 66 an der Ecke Michigan Avenue und Jackson Street, inzwischen leider eine Einbahnstraße. Wer der Route 66 folgen will, muss die parallel verlaufende Adams Street nehmen.

Durch den belebten Loop und die weitverzweigten Außenbezirke windet sich die legendäre Straße durch ein Gewirr von betagten Lagerhallen und verlassenen Güterbahnhöfen. In Cicero hallt das Echo der Schüsse nach, die Al Capone und seine Gangster in diesem heute noch recht trostlosen Vorort abgefeuert haben. Dann führt die Route 66 aus der Metropole hinaus ins ländliche Illinois.

S TRASSENFESTE

Im Sommer feiert Chicago auf der Straße. Mehr als in anderen amerikanischen Großstädten nutzt man die kurzen Sommer zu Festivals, Ausstellungen und Märkten auf Bürgersteigen oder abgesperrten Straßen und feiert mit Musik und edler Imbisskost. Kulinarische Spezialitäten stehen bei „Taste of Randolph Street" und „Taste of Chicago" im Mittelpunkt, im Grant Park und im Millennium Park lauscht man rockigen und klassischen Klängen, lokale Bands unterhalten bei „Rock Around the Block" und beim „Andersonville Midsommarfest". „Retro

Der Sommer in Chicago ist die Zeit der Straßenfeste: wie hier bei „Taste of Chicago" im Grant Park

on Roscoe" steht für schicke Oldtimer und andere Antiquitäten, Austern gibt's beim „Oyster Fest", Spareribs beim „Ribfest Chicago", und bis in die späte Nacht feiern nicht nur Latinos beim „Cinco de Mayo Festival".

STRASSENKUNST

Kunst zum Nulltarif – mitten in Chicago stehen 32 Skulpturen weltberühmter Künstler einfach so auf den Bürgersteigen herum: die 16 m hohe namenlose Plastik, die Pablo Picasso der Stadt vermachte, und die seitdem als Wahrzeichen gilt. „Flamingo", das orangerote Riesenwerk von Alexander Calder, vor dem Chicago Federal Center und „Universe", ein Mobile des Künstlers in der Empfangshalle des Willis Tower. „The Four Seasons", ein 20 m langes Mosaik von Marc Chagall an der First National Bank. Außerdem Werke von Henry Moore, Joan Miró und anderen – anerkannte Bildhauer aus der ganzen Welt sind mit ihren Arbeiten in dieser Galerie unter freiem Himmel vertreten.

WINDY CITY

Chicago ist die „Blues City", aber auch ihrem zweiten Beinamen macht sie alle Ehre: Nicht selten weht ein böiger Wind vom Lake Michigan herüber und verfängt sich in den Häuserschluchten der Innenstadt. Im Sommer bringen die Böen feuchte Luft, während der strengen Winter treiben sie die ohnehin schon frostigen Temperaturen noch um mehrere Grad nach unten.

Zum ersten Mal tauchte der Begriff „Windy City" für Chicago 1858 in der Chicago Tribune auf. Auch einige Zeitungen in Cincinnati bezeichneten Chicago als „Windige Stadt". Doch für Cincinnati war Chicago eine *windy city* im Sinn von „Angeberstadt". Zwischen den beiden Städten herrschte in dieser Zeit eine hitzige Rivalität. Beide rühmten sich riesiger Schlachthöfe und stritten um den ersten Rang. Gleiches geschah auf sportlicher Ebene zwischen den Baseballteams Cincinnati Red Stockings und Chicago White Stockings. Inzwischen hat sich diese Rivalität aber längst gelegt.

DER PERFEKTE TAG
Chicago in 24 Stunden

08:30 ORDENTLICH FRÜHSTÜCKEN

In den Übernachtungspreisen der meisten Hotels ist kein Frühstück enthalten, und die Hotelrestaurants sind teuer. Deshalb lieber gleich zum *Corner Bakery Cafe* → S. 64 an der North Michigan Avenue. Dort gibt's leckere Breakfast-Varianten, u. a. den „Scrambler" mit Rührei, Cheddarkäse und Speck.

09:30 GESCHICHTE & KUNST

Chicago ist für seine großartigen Museen bekannt: Kunstliebhaber entscheiden sich für das *Art Institute* → S. 30 an der South Michigan Avenue, eines der bedeutendsten Kunstmuseen der USA mit Werken von Renoir, Rembrandt und anderen europäischen Meistern. Besonders beeindruckend ist die Sammlung von Monet-Gemälden. Das Skelett der Saurier-Dame Sue und andere Schätze der Naturgeschichte finden Sie im *Field Museum of Natural History* → S. 32 (Foto li.) gleich um die Ecke. Ebenfalls interessant ist hier der Einblick in die Welt der ägyptischen Pharaonen.

12:00 GESUNDER LUNCH

Mit dem Bus 36 geht es zur State Street/Ecke Huron. Am Deli-Buffet von *Whole Foods* → S. 59, der größten Bio-Supermarktkette der USA, können Sie sich Ihren Lunch selbst zusammenstellen. Und keine Angst: Da gibt's nicht nur Sprossen und Keime. Allein die Chicken-Teile sind eine gesunde Sünde wert. Bei Lust auf Fast Food gehen Sie am besten in den *Rock 'n' Roll McDonald's* → S. 61, den größten McDonald's der USA mit seinem Rock-Museum.

13:00 FUN & THRILL

Das Skydeck des *Willis Tower* → S. 36 (früher Sears Tower) befindet sich in der 103. Etage, mit prachtvollen Ausblicken auf Chicagos Highlights wie das Baseballstadion *Wrigley Field* → S. 76 und die *Navy Pier* → S. 40 mit ihrem ständigen Jahrmarkt un dem gewaltigen Riesenrad. Ein Adrenalinschock ist garantiert beim Betreten des Ledge, eines gläsernen Balkons in über 400 m Höhe.

15:00 DIE SKYLINE BESTAUNEN

Danach sollten Sie sich die *„Architecture River Cruise"* → S. 50 (Foto re.) auf keinen Fall entgehen lassen. Die anderthalbstündige Rund-

Die schönsten Facetten von Chicago kennenlernen – mittendrin, ganz entspannt und an einem Tag

fahrt auf dem Chicago River, von den meisten Chicago-Experten als beste Tour der Stadt gepriesen, verbindet kurzweilige Informationen mit großartigen Ansichten der eindrucksvollen Skyline. Nach dem Großen Feuer (1871), dem fast die ganze Stadt zum Opfer fiel, wurde Chicago zu einer Spielwiese für bekannte Architekten aus aller Welt, nicht umsonst rühmt sich die Stadt der schönsten Skyline und der interessantesten Wolkenkratzerkette der USA.

17:00 IM PARK ENTSPANNEN

Nur ein paar Blocks weiter südlich können Sie sich herrlich entspannen: im *Millennium Park* → S. 35 und im *Grant Park* → S. 33, beide zwischen South Michigan Avenue und Lake Shore Drive gelegen. Mit etwas Glück erwischen Sie eines der kostenlosen Konzerte. Beliebte Treffpunkte sind der abends beleuchtete Buckingham Fountain (Foto o.) im Grant Park und „The Cloud", eine bohnenförmige Skulptur aus spiegelndem Metall, die sich ideal für Fotospielereien eignet. Über die weitläufigen Parks verteilen sich mehrere kunstvoll angelegte Gärten.

19:00 ORGANIC, SUSHI ODER BURGER

Nahe dem Millenium Park lohnt sich ein Besuch der Filiale von *Hot Woks Cool Sushi* → S. 57, einer beliebten Adresse für die Fans von Sushi und Maki. Wer vom „grünen Chicago" gehört hat und ökologisch einwandfreie Gerichte probieren will, fährt mit dem Bus 8 bis zur 33rd Street und kehrt im *Nana Organic* → S. 57 ein. Die Red Line bringt Fast-Food-Fans zur Grand Avenue und zu *Ed Debevic's* → S. 58, einem Diner im Stil der 1950er-Jahre. Ein Lokal, das im wahrsten Sinn des Worts rockt und zudem mit riesigen Burgern aufwartet.

20:30 CHICAGO BLUES LIVE

Chicago hat den Blues. Lassen Sie den Tag im *Blue Chicago* → S. 74 ausklingen, wo der Blues noch authentisch und unverfälscht klingt.

Buslinien zum Startpunkt: 2, 3, 10, 26, 125, 143–148, 151, 157
Haltestelle: Northern Michigan Ave./ Wacker Dr.

SEHENSWERTES

WOHIN ZUERST?

Der sehr weitläufige **Millennium Park (129 D–E 4–5)** *(🗺 F8–9)* im Zentrum der Stadt ist ein idealer Ausgangspunkt für eine Entdeckungsreise in Chicago. In der Tiefgarage (nicht billig, aber praktisch gelegen) ist genug Platz, und vom Park ist es nur ein Katzensprung zum Loop mit den bekanntesten Wolkenkratzern, dem Art Institute und anderen bekannten Museen. Zahlreiche Restaurants liegen gegenüber an der S. Michigan Avenue. Von den Haltestellen am Park kommen Sie mit U-Bahn/El und Bussen zu allen Attraktionen.

Ganz Chicago ist eine Wolke – wenn man einen schlechten Tag erwischt und vom Willis Tower oder vom Hancock Observatory nur die andere Seite des Regens sieht. Wenn das Wetter stimmt, ist der Ausblick unvergleichlich, und die Riesenstadt liegt einem in ihrer ganzen Pracht zu Füßen: die vergoldete Spitze des Carbide and Carbon Building, die verspielten Ornamente am Wrigley Building, die Museumspaläste und Parks am Ufer des Lake Michigan.

Sie sollten Chicago von oben gesehen haben, bevor Sie sich ins Getümmel stürzen, um den wahren Charakter dieser Stadt kennenzulernen. In den Zügen der „El", im emsigen Treiben auf der State Street, auf den Plätzen vor den Hochhäusern und Banken, auf der Magnificent Mile

Bild: Geöffnete Klappbrücken über dem Chicago River

Eine Stadt für die Sinne: moderne Architektur und stimmungsvolle Stadtviertel, interaktive Museen und Kunst an jeder Ecke

nördlich des Chicago River, am Lake Shore Drive entlang dem Michigan-See, in Vororten wie Chinatown und Pilsen, in den Anlagen des Grant und des Millennium Parks. Aus dem „Schweinemetzger für die Welt" (Carl Sandburg) ist längst eine Vorzeigemetropole geworden – mit vielfältigem kulturellen Angebot, ausgefallener Architektur, schicken Einkaufsstraßen und Gourmetrestaurants.

In ein paar Tagen ist diese Stadt nicht zu schaffen. Deshalb sollten Sie erst gar nicht den Versuch machen, von einer Sehenswürdigkeit zur nächsten zu hetzen. Selbst ein einziger Tag kann zum Erlebnis werden, wenn Sie sich auf einen Blick vom Hancock Observatory, die Mittagspause vor dem James R. Thompson Center, den Besuch des Museum of Science and Industry und einen gemütlichen Abend in einem Blues-Club beschränken. Chicago mit allen Sinnen erleben, die Stadt sehen, hören, riechen und schmecken, am Ufer des Lake Michigan, unter der Hochbahn, am Hotdog-Stand, auf dem Navy Pier.

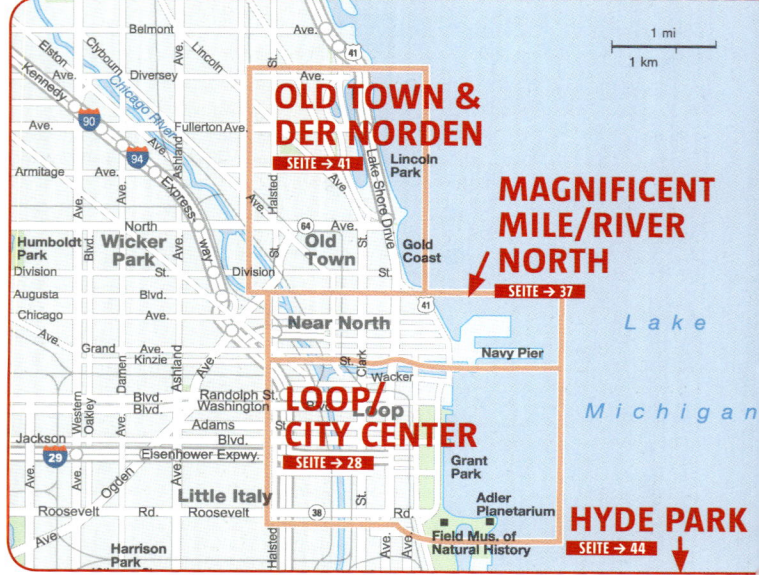

Die Karte zeigt die Einteilung der interessantesten Stadtviertel. Bei jedem Viertel finden Sie eine Detailkarte, in der alle beschriebenen Sehenswürdigkeiten mit einer Nummer verzeichnet sind

Achtung: Seit 9/11 sind öffentliche Gebäude wie das Board of Trade oder das Thompson Center gar nicht mehr oder nur schwer zugänglich.

Etwas Zeit sollten Sie für die Museen der Stadt mitbringen, nicht nur für die großen drei: das Museum of Science and Industry, das Field Museum of Natural History und das Art Institute of Chicago. „Interaktiv" heißt das Zauberwort. Aus dem „hands up" (Hände hoch) der Gangster-Ära wurde ein „hands on" (Hände drauf). In den Museen von Chicago dürfen Sie (fast) alles anfassen und werden auf spielerische Weise an die Geheimnisse von Wissenschaft und Technik herangeführt. Ein Paradies vor allem für Kinder, die hier nicht nur geduldet, sondern erwünscht sind.

LOOP/CITY CENTER

Innerhalb des Rings („Loop") aus Hochbahnschienen, der durch den Chicago River im Norden und Westen, die Michigan Avenue im Osten und die Roosevelt Avenue im Süden begrenzt wird, aber auch westlich und östlich davon, liegt die geschäftige Innenstadt des alten Chicago.

Und das Herz der Stadt schlägt immer noch dort, im ehemaligen Marshall Field's, bei Carson Pirie Scott und in den Läden der State Street, im Financial District, im Art Institute of Chicago, beim Chicago Symphony Orchestra, im Harold

Washington Library Center und in den zahlreichen Restaurants. Um das echte Chicago kennenzulernen, sollten Sie sich mit den Passanten über die State Street treiben lassen, ein Chicago erleben, wie es schon zur Zeit eines Al Capone bestand – nur dass es damals keine Rushhour gab. Und wenn Sie genug haben vom Trubel, dann wartet jenseits der South Michigan Avenue der Grant Park am Ufer des Lake Michigan.

🔳 ADLER PLANETARIUM ●
(131 F4) (*H11*)

Am Ufer des Lake Michigan erhebt sich das Adler Planetarium als zwölfeckiger Granitbau mit einer kupfernen Kuppel. Es wurde von Max Adler, einem leitenden Angestellten der Kaufhauskette Sears & Roebuck, gegründet und 1930 eröffnet. Von einem gewaltigen Hightech-Einsatz sind die Shows im *Grainger Sky* und *Definity Space Theater* bestimmt: In 3-D und Farbe erkunden die Zuschauer den nächtlichen Sternenhimmel und das Universum. Projektoren zaubern INSIDER TIPP beeindruckende Spezialeffekte an das künstliche Firmament, wie man sie sonst in Science-fiction-Operas wie „Star Trek" sieht.

Auf drei Stockwerken wird die Entwicklung der Astronomie mit historischen Teleskopen und anderen Exponaten verdeutlicht. Die Weltraumfahrt ist mit einem Raumanzug und echtem Marsgestein vertreten. Über einen Monitor kann man Nahaufnahmen des Monds und anderer Himmelskörper bestaunen. Im Internet können Sie das Planetarium virtuell erleben. *Mo–Fr 9.30–16, Sa, So 9.30–16.30 Uhr | Eintritt 12 Dollar | 1300 S. Lake Shore Dr. | www. adlerplanetarium.org | Bus 12, 127, 146 bis Adler Planetarium*

MARCO POLO HIGHLIGHTS

2 THE ART INSTITUTE OF CHICAGO ★ (129 D5) (🗺 F9)

Zwei Bronzelöwen des amerikanischen Bildhauers Edward L. Kemeys bewachen den Haupteingang des renommierten Art Institute, das anlässlich der Weltausstellung 1893 errichtet wurde und in den folgenden Jahrzehnten ständig erweitert und immer wieder renoviert wurde, zuletzt 1987. Führende Geschäftsleute hatten sich entschlossen, der Welt die kulturellen Schätze der Stadt zu zeigen. Eigentlich waren die Chicagoer Architekten Daniel Burnham und John Wellborn Root mit dem Bau beauftragt, aber Root starb überraschend, und Burnham war mit der Gestaltung der Weltausstellung ausgelastet. Deshalb beauftragte man eine Bostoner Firma, das Gebäude im klassizistischen Stil zu errichten. Eine Freitreppe führt zu den Ausstellungsräumen. Im zweiten Stock ist die europäische Kunst nach Epochen geordnet, vom Mittelalter bis zu den späten Impressionisten. Gemälde und Skulpturen bekannter Künstler sind in großzügigen Räumen untergebracht und erstrahlen im Tageslicht in ihrer ganzen Pracht. Holländische Meister wie Rembrandt, der Spanier El Greco, besonders aber große Impressionisten wie Claude Monet, Auguste Renoir, Edouard Manet und Edgar Degas sind mit bekannten Werken vertreten. Das Museum rühmt sich der weltgrößten Sammlung von Monet-Gemälden.

Zu den anderen Schätzen des Art Institute gehören Marc Chagalls bunte Glasfenster und Georgia O'Keefe's „Sky Above the Clouds", das größte Gemälde (244 x 732 cm) des Museums. Die moderne Kunst ist mit Namen wie Pablo Picasso, Grant Wood und Edward Hopper vertreten. Weniger überlaufen sind die Ausstellungen asiatischer und afrikanischer Kunst und die Fotos im Erdgeschoss. Dort befindet sich auch ein *Education Center* für kleine Besucher. *Tgl. 10.30–17, Do bis 20 Uhr | Eintritt 23 Dollar | 111 S. Michigan Ave. | www.artic.edu | Bus 3, 4, 60, 145, 147, 151 bis Art Institute | U-Bahn/ El Green Line, Brown Line, Orange Line bis Adams*

The Art Institute of Chicago: Dieses Gemälde von Gustave Caillebotte zeigt Paris, nicht Chicago

SEHENSWERTES IM LOOP & IM CITY CENTER

🔳 CARBIDE AND CARBON BUILDING
(129 D4) (🗺 E8)

Aus einem Fundament aus schwarzem Granit erhebt sich der wohl eindrucksvollste Art-déco-Wolkenkratzer der Stadt. Seine Mauern sind mit dunkelgrünem Terrakotta verkleidet, die Spitze wurde mit Blattgold verziert. Angeblich haben die Burnham Brothers, nach deren Plänen dieses Gebäude 1929 gebaut wurde,

Die geheimnisvollen Handzeichen der Börsianer werden in einer Broschüre erklärt. Verspielte Art-déco-Motive schmücken den Wolkenkratzer, der 1980 durch einen modernen Anbau des Architekten Helmut Jahn ergänzt wurde. Ein weiterer Anbau entstand 1997. *Wegen 9/11 keine Führungen, auch das Besucherzentrum im 5. Stock ist bis auf Weiteres geschl. | 141 W. Jackson Blvd. |*

Turbulent geht es zu in der Chicago Board of Trade – wie in allen Börsen auf der Welt

dieses Design einer in Goldfolie verpackten Champagnerflasche abgeschaut. *230 N. Michigan Ave. | Bus 3 bis S. Water St. | U-Bahn/El Green Line, Orange Line, Brown Line bis Randolph*

🔳 CHICAGO BOARD OF TRADE ⭐ ●
(128 C6) (🗺 E9)

Seit 1930 residiert die Börse in einem der schönsten Wolkenkratzer der Stadt. Weil die Börse im 19. Jh. vor allem den Getreidehandel organisierte, blickt Ceres, die griechische Göttin der Feldfrüchte, von der Spitze des Gebäudes herab.

www.cbotbuilding.com | Bus 1, 7, 60, 126, 151, 156; U-Bahn/El Blue Line, Red Line bis Jackson

🔳 THE FIELD MUSEUM OF NATURAL HISTORY ⭐ (131 E4) (🗺 F11)

Naturgeschichte im Überfluss: Nur ein Bruchteil der über 20 Mio. Objekte, die sich im Besitz des Field Museums befinden, ist in dem klassizistischen Prachtbau des Architekten Daniel Burnham ausgestellt. Zur Weltausstellung von 1893 waren die Artefakte noch im heutigen Museum of Science and Industry untergebracht. Seit 1921 gehört das Field Museum zu den größten und eindrucksvollsten Museen der Welt. Prachtstück ist das gut erhaltene Skelett von Sue *(www.fieldmuseum.org/sue)*, dem größten Tyrannosaurus Rex der Welt – es wurde 1990 in South Dakota gefunden.

Der Alltag und die Riten der ägyptischen Pharaonen wurden mit den Ausgrabungsstücken aus dem Grab von Unis-Ankh nachgestellt, sogar einen Marktplatz aus dieser Zeit hat man errichtet. Seit der Jahrtausendwende läuft die Ausstellung *Underground Adventure*, eine Reise in die Miniaturwelt der unterirdischen Prärie von Illinois. Dabei haben die Zuschauer den Eindruck, bis auf Käfergröße geschrumpft zu sein. *Tgl. 9–17 Uhr | Eintritt 18 Dollar | Roosevelt Rd./Lakeshore Dr. | www.fieldmuseum.org | Bus 6, 146 bis zum Museum*

🔲 6 GRANT PARK
(129 E4–6, 131 E1–4) (⏲ F9–11)

Es war ausgerechnet A. Montgomery Ward, der legendäre Kaufhauskönig, der eine Bebauung des Areals am Lake Michigan verhinderte. Seiner Initiative ist es zu verdanken, dass östlich der Michigan Avenue ein 1,3 km² großer Park mit weitläufigen Rasenflächen entstand. Im Sommer wird der Grant Park zum Schauplatz zahlreicher Konzerte und Veranstaltungen, in der *Petrillo Music Shell* Ecke Jackson Boulevard/Columbus Drive erklingt im Sommer Musik von Klassik bis Rock. Auffälligstes Bauwerk im Park ist der *Buckingham Fountain*, der, 1926 erbaut, einem Brunnen des Schlosses in Versailles nachempfunden wurde. *Bus 3, 4, 6, 146, 151 bis Michigan Ave.*

🔲 7 HAROLD WASHINGTON LIBRARY CENTER *(129 D4) (⏲ E8)*

Das Backsteingebäude mit den blasenden Engeln ist auch architektonisch eine Überraschung, vor allem der spektakuläre Winter Garden. Der eigentliche Magnet sind jedoch die Bücher. Keine andere öffentliche Bibliothek der USA verfügt über eine größere Auswahl. Für Urlauber sind besonders die wechselnden Ausstellungen, Veranstaltungen und Lesungen interessant. Das Programm erfahren Sie unter *Tel. 312 7 47 43 00. Mo–Do 9–21, Fr, Sa 9–17, So 13–17 Uhr | 400 S. State St. | www.chipublib.org | Bus 11, 145, 146, 147 bis Loop | U-Bahn/El Red Line bis State, Brown Line, Orange Line bis Library*

🔲 8 INSIDER TIPP JAMES R. THOMPSON CENTER ● *(128 C4) (⏲ E8)*

Das ehemalige State of Illinois Center gehört zu den umstrittensten modernen Gebäuden in Chicago. Die gewagte Konstruktion wurde in den 1980er-Jahren von dem deutschen Architekten Helmut Jahn entworfen und gegen den Widerstand vieler offizieller Stellen durchgesetzt. Blau, Orange und Silber dominieren in dem Riesengebäude aus Stahl und Glas, und der atemberaubende Lichthof, der im 17. Stockwerk von einer zylinderförmigen Krone abgeschlossen wird, vermittelt Besuchern den Eindruck, sich in einer Raumstation zu befinden. Das Gebäude wurde nach dem langjährigen Gouverneur von Illinois benannt. *100 W. Randolph St. | U-Bahn/El Blue, Brown, Orange und Green Line bis Clark*

🔲 9 JOHN G. SHEDD AQUARIUM ⭐ ●
(131 E4) (⏲ G11)

Ein Korallenriff mitten in Chicago: Haie, Rochen, Barrakudas und viele farbenprächtige Fische aus dem Lebensraum Riff schwimmen in den Wasserlandschaften des derzeit größten überdachten Aquariums in den USA. Dieses künstliche Meer (11 Mio. l) liegt in einem achteckigen Marmorbau und beeindruckt mit einer tropischen Unterwasserwelt. Taucher füttern die Fische am Caribbean Reef. Im *Abbott Oceanarium* tummeln sich Belugawale, Delfine, Pinguine, Seeotter und Seelöwen aus den amerikanischen Gewässern. In Ausstellungen werden Besonderheiten und Lebensweisen der Meeresbewohner erklärt. *Tgl. 9–18 Uhr, im Winter Mo–Fr 9–17, Sa, So 9–18 Uhr | Eintritt 8 Dollar oder 34,95 Dollar für alle Ausstellungen (Total Experience Pass) | 1200 S. Lakeshore Dr. | www. sheddaquarium.org | Bus 6, 10, 12, 130, 146 bis Michigan Ave.*

🔟 LAKE MICHIGAN ⭐
(136 C2–4) (*ᗱ c–d 1–4*)

Die Skyline von Chicago spiegelt sich im Wasser eines gewaltigen Sees. Und auch wenn im Winter ein eisiger Wind über den wie ein Meer wirkenden See pfeift: Ohne den Lake Michigan wäre die Stadt nur halb so schön. Wer Chicago kennt, nutzt die wenigen Sonnentage und verbringt die warmen Sommertage an einem der Strände oder in einem Boot auf hoher See. Auch in nackten Zahlen weiß der Lake Michigan zu beeindrucken: 494 km ist er lang, 190 km breit, seine größte Tiefe beträgt fast 300 m, und er besitzt eine Uferlänge von sage und schreibe 2635 km. 🔅 Die schönsten Ausblicke auf den See haben Sie vom Navy Pier, vom John G. Shedd Aquarium oder von einem der Vergnügungsboote.

11️⃣ LAKE SHORE DRIVE 🔅
(127, 129, 131 E1–6) (*ᗱ E–H 1–18*)

Die Hauptverkehrsstraße durch die Innenstadt, auch unter „outer drive" und „US Highway 41" in den Landkarten, ist vor allem nachts einen Umweg wert, wenn der Verkehr nicht so stark ist und Sie einen wunderbaren Ausblick auf die beleuchtete Skyline und den in allen Farben schimmernden Buckingham Fountain haben. Am schönsten ist die Straße zwischen Grand Avenue und Wacker Drive, bei der Fullerton Avenue und nördlich vom Hyde Park.

12️⃣ MARQUETTE BUILDING
(128 C5) (*ᗱ E9*)

Das E-förmige Gebäude, typisch für den Chicago Style des frühen Chicago, wurde von William Holabird und Martin Roche entworfen. Die beiden Architekten gestalteten um 1900 zahlreiche Gebäude in der Stadt. Die breiten Fenster versorgten alle Räume mit Tageslicht. Kunstvolle Reliefs über dem Hauptportal und Mosaike auf den Marmorwänden der Eingangshalle erzählen aus dem Leben des Entdeckers Jacques Marquette, der als erster Weißer über die Gegend berichtete, in der Chicago entstand. Nach ihm wurde das Gebäude benannt. *140 S. Dearborn St. | Bus 60, 130, 151 bis Monroe | U-Bahn/ El Blue Line, Red Line bis Monroe*

13️⃣ MERCHANDISE MART
(128 B3) (*ᗱ D7–8*)

Architektonisch hat das 1931 errichtete Gebäude wenig zu bieten, aber als größtes Lagerhaus der Stadt ist es über die Stadtgrenzen hinaus bekannt. Seine Fläche wird nur vom Pentagon übertroffen. Ursprünglich sollten in den riesigen Hallen nur die Waren von Kaufhauskönig Marshall Field gelagert werden, inzwischen haben sich Läden, Cafés und Restaurants in den unteren beiden Stockwerken einquartiert, und oben werden Möbel gelagert. In der Eingangshalle erzählen farbenfrohe Wandgemälde von den Handelsnationen der Erde. *Zwischen Wells und Franklin St. | U-Bahn/El Brown Line bis Merchandise Mart*

14️⃣ MICHIGAN AVENUE BRIDGE 🔅
(129 D3) (*ᗱ E–F 7–8*)

Der perfekte Standort für ein Nachtfoto der beleuchteten Skyline. Der Tribune

Tower mit seiner reich verzierten Fassade und das Wrigley Building mit seinen beiden Türmen erstrahlen in gleißendem Scheinwerferlicht. Der französische Trapper Louis Jolliet, nach dem eine kleine Stadt benannt wurde, und der Jesuitenpater Jacques Marquette waren die ersten Weißen, die im September 1673 an dieser Stelle den Fluss überquerten, acht Jahre später folgte ihnen der Entdecker Robert de La Salle auf dem Weg zum Mississippi.

15 MILLENNIUM PARK ★

(129 E4–5) (F8–9)

Weitläufiger Park im Norden des Grant Park mit kunstvoll angelegten Gärten, einem großen Freilichttheater, dem ● *Jay Pritzker Pavilion* für Konzerte aller Art und dem unterirdischen *Music & Dance Theater*. Die Skulptur „Cloud Gate", im Volksmund nur *bean* (Bohne) genannt, vereint die Spiegelungen von Skyline und Himmel zu einem Gesamtkunstwerk. Die grüne Lunge der Stadt ist ideal für Fotos der dramatischen Skyline. *www.millenniumpark.org | Bus 3, 4, 6, 146, 151 bis Washington*

16 MONADNOCK BUILDING

(128 C6) (E9)

Um die Jahrhundertwende wurde das mächtige Monadnock Building als größtes Bürogebäude der Welt gefeiert. Die nördliche Hälfte des sechzehnstöckigen Gebäudes wurde aus massiven Ziegelsteinen gefertigt und von einer Fachzeitschrift der damaligen Zeit als riesiger Kamin verspottet, der südliche Teil wurde um ein Stahlgerüst gebaut. Die Baumeister – untypisch für diese Zeit – verzichteten auf jegliche Ornamente, verstanden ihre Konstruktion als nüchternes Geschäftsgebäude. Die südliche Hälfte wurde mit ihrem Stahlrahmen zum Vorbild für zahlreiche Wolkenkratzer der

Pause unter Palmen mitten in der Großstadt: der Oak Street Beach am Lake Michigan

Nur Fliegen ist schöner: das Skydeck im Willis Tower auf 412 m Höhe

Art-déco-Ära. *53 W. Jackson Blvd. | Bus 60, 130, 151; U-Bahn Blue, Red bis Jackson*

17 THE ROOKERY (128 C5) *(⌗ E9)*

Seinen Namen (Vogelkolonie) hat das Gebäude von dem Rathaus, das früher an dieser Stelle stand und in dem nach dem großen Feuer von 1871 Vögel nisteten. Das elfstöckige Haus wurde 1888 fertiggestellt. Frank Lloyd Wright renovierte 1907 die Lobby. Außen fallen römische und maurische Motive und verspielte Art-déco-Ornamente auf, innen dominiert die großzügige und zweckmäßig orientierte Architektur von Wright. 1992 wurde die Rookery noch einmal renoviert, wobei auch die Originalverzierungen des ursprünglichen Architekten zum Vorschein kamen. *Tagsüber geöffnet | 209 La Salle St. | Bus 1, 22, 60, 151 bis W. Adams | U-Bahn/El Brown Line, Orange Line bis Quincy*

18 SPERTUS MUSEUM (131 D3) *(⌗ E10)*

Jüdische Geschichte im Blickwinkel von Kunst und Kultur: Die Ausstellung von über 10 000 Artefakten und Kunstobjekten umspannt 5000 Jahre jüdischer Geschichte. Im Artifact Center können Besucher in einer nachgestellten Ausgrabungsstätte des Nahen Ostens nach Tonscherben suchen. Ständige Ausstellungen u. a.: „Die Geschichte des jüdischen Humors" und „Friedrich Adler: Von Art nouveau bis Art déco". *So, Mo, Mi 10–17, Do 10–18, Fr 10–15 Uhr | Eintritt frei | 610 S. Michigan Ave. | www.spertus.edu | Bus 3, 4, 6, 145, 157, 151, U-Bahn/El Red Line bis Jackson | U-Bahn/El Brown, Purple, Orange, Green Line bis Adams St.*

19 WILLIS TOWER ☀ ● (128 B5) *(⌗ D9)*

Mit 110 Stockwerken und 430 m Höhe gehört der Turm noch immer zu den eindrucksvollsten Wolkenkratzern. Von 1973 bis 1996 war der frühere Sears Tower das höchste Gebäude der Welt. Seine Stabilität verdankt der Mammutturm einer festen Betonplattform und neun 23 m dicken Stahlröhren, deren Umfang zur Spitze hin abnimmt – ein Design des Architekten Bruce Graham, der für Skidmore, Owings & Merrill arbeitet. Besucher werden mit einem langweiligen Video eingestimmt, bevor die 70-Sekunden-Reise zum Skydeck im 103. Stockwerk beginnt. Von dort und dem gläsernen Balkon „Ledge" hat man eine gigantische Aussicht auf die Umgebung. In der Eingangshalle steht die Skulptur „Universe" des Künstlers Alexander Calder. *Tgl. 9–22 Uhr, im Winter 10–20 Uhr | Eintritt 19 Dollar | 233 S. Wacker Dr. | www. theskydeck.com | Bus 1, 7, 126, 146, 151, 156 bis W. Jackson | U-Bahn/El Brown Line, Orange Line bis Quincy*

MAGNIFICENT MILE/RIVER NORTH

Die North Michigan Avenue, zwischen der Brücke über den Chicago River und der Oak Street auch als „Magnificent Mile" („Großartige Meile") bekannt, markiert das eleganteste Viertel von Downtown Chicago.

An dieser Prachtstraße werden Trends gesetzt oder aus Europa importiert, schlürft man seinen Cappuccino oder Espresso. Hier befinden sich einige der teuersten Hotels, Restaurants und Boutiquen und die elegante Water Tower Place Mall. Inmitten des Einkaufsparadieses an der Michigan Avenue ragt der historische Water Tower (Wasserturm) empor, das einzige Gebäude, das die Feuersbrunst

von 1871 relativ unbeschadet überstanden hat. Die Magnificent Mile und das benachbarte River North sind die ideale Gegend, um elegante Leute zu beobachten und um sich vom Besichtigungsstress zu erholen. Abseits der Glitzermeile, im Westen der Ontario Street und der umliegenden Straßen, erstreckt sich River North, ein ehemaliges Lagerhausviertel, das – ähnlich wie SoHo in New York und SoMa in San Francisco – zu einer schicken Gegend mit Kunstgalerien, Antiquitätenläden und kleinen Restaurants und Cafes umfunktioniert wurde.

■1 CHICAGO TRIBUNE TOWER ●
(129 D3) (*ⓜ F7*)

Einem Architektenwettbewerb hat die Chicago Tribune ihr imposantes Verlagsgebäude zu verdanken. Raymond Hood und John Mead Howells gewannen, und an der Michigan Avenue entstand ein neugotischer Prachtbau, der mit seinen 46 Stockwerken an eine gewaltige Kirche erinnert. In die Außenmauer wurden Steine berühmter Gebäude eingelassen, u.a. von der Berliner Mauer, der Cheops-Pyramide, dem Kolosseum in Rom, der Großen Mauer in China, der Westminster Abbey in London und dem World Trade Center. In der Eingangshalle sind die Titelseiten wichtiger Ausgaben der Chicago Tribune ausgestellt. Der Radiosender WGN, eine Institution in Chicago, sendet live aus der Lobby. *Tgl. tagsüber geöffnet | 435 N. Michigan Ave. | Bus 3, 11, 29, 65, 147, 151, 157 bis Wacker Dr. | U-Bahn/ El Red Line bis Grand*

■2 HISTORIC WATER TOWER ●
(129 D2) (*ⓜ E–F6*)

Der historische Wasserturm gehört zu den wenigen Gebäuden, die dem Feuer von 1871 widerstanden, und wurde zum Symbol für das Jetzt-erst-recht-Gefühl der Bürger, die innerhalb weniger Monate eine neue Innenstadt aufbauten und Chicago zu der am schnellsten wachsenden US-Metropole im 19. Jh. machten. Der einer Burg ähnelnde pseudogotische Turm wurde 1869 von William W. Boyington erbaut, einem bedeutenden Architekten, der zahlreiche kommerzielle Gebäude von Chicago mit seinem „Revival Style" beeinflusste. Auch nach dem Feuer blieb er ein gefragter Baumeister. Eigentlich war der knapp 50 m hohe Water Tower

Baukunst aus zwei Jahrhunderten: der Water Tower und das Hancock Center

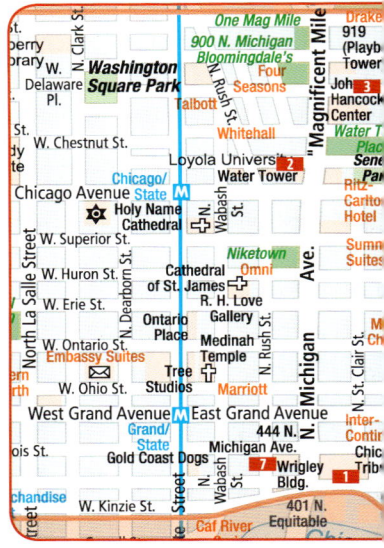

kein wichtiges Gebäude. Er hatte lediglich die Funktion, mit seinen Rohren den Wasserfluss aus dem benachbarten Pumpengebäude zu stabilisieren. Aber der Symbolwert des Turms ist bis heute ungebrochen und macht ihn zu einer der bedeutendsten touristischen Attraktionen von Chicago. *Tgl. 10–18.30 Uhr | Eintritt frei | 800 N. Michigan Ave. | Bus 3, 145, 146, 147, 151 bis Michigan/Pearson*

■3 JOHN HANCOCK CENTER OBSER-VATORY ☀ (129 D1) (ℳ F6)

Vom Observatory „360° Chicago" im 94. Stock, das 2013/14 aufwendig renoviert wurde, haben Sie aus 314 m Höhe eine herrliche Aussicht auf das Häusermeer und den Lake Michigan. Auf einer Aussichtsplattform spürt man den heftigen Wind – nichts für Besucher mit Höhenangst. Zu den Attraktionen gehört INSIDER TIPP ▶ „Tilt!": Bei bis zu acht gesicherten Besuchern neigt sich eines der großen Außenfenster so weit nach vor-

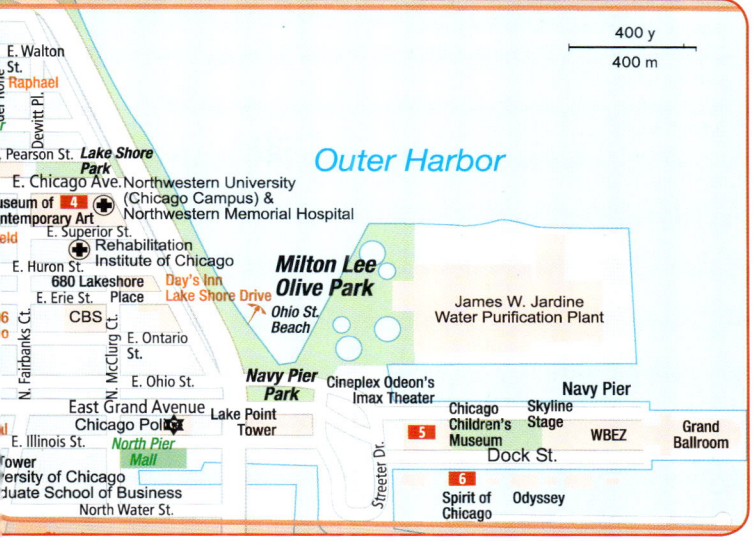

E. Walton
St.
Raphael
Dewitt Pl.

Pearson St. **Lake Shore Park**

E. Chicago Ave. Northwestern University
useum of **4** Northwestern University
ntemporary Art (Chicago Campus) &
Northwestern Memorial Hospital

E. Superior St.
Rehabilitation
Institute of Chicago
E. Huron St.
680 Lakeshore **Day's Inn**
E. Erie St. Place **Lake Shore Drive**

Outer Harbor

Milton Lee Olive Park

James W. Jardine
Water Purification Plant

CBS
E. Ontario
St.

Ohio St.
Beach

E. Ohio St.

Navy Pier Park

Cineplex Odeon's
Imax Theater

Navy Pier

East Grand Avenue Lake Point
Chicago Pol Tower

E. Illinois St. **North Pier Mall**

Chicago
Children's
Museum

Skyline
Stage

WBEZ

Grand
Ballroom

Dock St.

Streeter Dr.

ower
ersity of Chicago
duate School of Business
North Water St.

6
Spirit of Chicago   Odyssey

400 y
400 m

SEHENSWERTES UM DIE MAGNIFICENT MILE & IN RIVER NORTH

1 Chicago Tribune Tower
2 Historic Water Tower
3 John Hancock Center Observatory
4 Museum of Contemporary Art
5 Navy Pier
6 The Spirit of Chicago
7 Wrigley Building

ne, dass die Gäste in rund 300 m Höhe scheinbar über der Stadt schweben. Wer den Eintritt sparen will, kann in der *Signature Lounge* eine Etage höher das Geld bei gleicher Aussicht für einen Drink ausgeben. Natürlich ohne den besonderen Thrill. Der angeblich schnellste Aufzug der Welt ist zum Observatory 40 Sekunden unterwegs. *Tgl. 9–23 Uhr | Eintritt 18 Dollar, Audiotour und Souvenir 28 Dollar, „Fast Pass" (Einlass und Aufzug ohne Wartezeit) 35 Dollar | 875 N. Michigan Ave. | www.360chicagocom | Bus 145, 146, 147, 151 bis Chestnut*

4 MUSEUM OF CONTEMPORARY ART (129 D–E2) (ØØ F6)

Über die nüchterne Fassade und die etwas düstere Erscheinung des Museums für zeitgenössische Kunst – so stellten sich einige Kritiker das Museum einer mittelgroßen Stadt in Deutschland vor – ist man in Chicago geteilter Meinung. Der Berliner Architekt Josef Paul Kleihues hat den Bau zu Beginn der 1990er-Jahre entworfen. Aber über die ständig wechselnden Ausstellungen moderner Kunst seit 1945 gibt es keine Diskussionen. Mehr als 7000 Objekte von bekannten Künstlern wie René Magritte, Ed Paschke, Claes Oldenburg, Andy Warhol, Joan Miró, Max Ernst und Christo sind in den neuen Hallen ausgestellt. Besonderer Wert wird auf die Darstellung experimenteller Kunst in verschiedenen Bereichen gelegt: Malerei, Fotografie, Video, Tanz, Musik und Performance. Einige Künstler sind mit Retrospektiven vertreten. Vom

Puck′s Café blickt man auf moderne Skulpturen in einem Garten und auf den Lake Michigan. *Mi–So 10–17, Di 10–20 Uhr | Eintritt 12 Dollar | 220 E. Chicago Ave. | www.mcachicago.org | Bus 3, 66, 157 bis Museum*

LOW BUDGET

▶ An bestimmten Wochentagen ist der Eintritt in Museen frei. Infos finden Sie auf den Websites der einzelnen Museen.

▶ Zu den klassischen Konzerten des *Grant Park Music Festivals* (Juni–Aug. mehrmals wöchentlich) ist der Eintritt frei. Programm, Infos: *www. grantparkmusicfestival.com*

▶ Während des Sommers verkehren kostenlos Trolleys zwischen Navy Pier und State Street. Streckenplan und Infos: *www.navypier.com/visit_us/ trolley.html*

▶ ● Die *Chicago Greeters*, eine Gruppe von ehrenamtlich tätigen Bürgern, führen Besucher kostenlos durch ihre Stadt. Infos: *Tel. 312 9 45 42 31 | www.chicagogreeter.com*

▶ Der *City-Pass* vereint preiswerte Tickets zu den vielen Sehenswürdigkeiten sowie Karten und Tipps. Man bekommt ihn online oder bei den beteiligten Attraktionen. *94 Dollar | www.citypass.com/chicago*

▶ Hier stellen viele Chicagoer Künstler ihre Werke aus: Der Eintritt in die ● *City Gallery* im historischen Wasserturm (s. S. 37) ist frei.

5 NAVY PIER ● (129 F3) (*ᗰ G–H7*)

Der Navy Pier diente im Zweiten Weltkrieg als Trainingszentrum für Marinepiloten und wurde 1995 zu einem Vergnügungspark mit Restaurants, Läden und Karussells umgebaut. Das 45 m hohe Riesenrad wurde dem Original der Weltausstellung von 1893 nachempfunden. Weitere Attraktionen sind eine Eisbahn, ein Imax-Kino, ein Hightech-McDonald′s, die *Skyline Stage* für Open-Air-Konzerte und das hervorragende INSIDER TIPP *Smith Museum of Stained Glass Windows*, u. a. mit kostbaren Tiffany-Fenstern. Auch eine Fahrradvermietung gibt es hier *(Std. 10–15 Dollar, Tag 35–69 Dollar). So–Do 10–22, Fr, Sa 10–24 Uhr, im Winter So–Do 10–20, Fr, Sa 10–22 Uhr | Eintritt frei | 600 E. Grand Ave. | www.navypier.com | Bus 29, 65, 66, 124; U-Bahn/El Red Line bis Grand/State, ab dort fährt ein kostenloser Trolley*

6 THE SPIRIT OF CHICAGO ● (129 F3) (*ᗰ H7*)

Kreuzfahrt auf dem See: Sightseeing-Touren und Dinner Cruises mit Abendessen und Showprogramm über den Lake Michigan. Der Blick auf die abendliche Skyline von Chicago ist atemberaubend. *Lunch-, Dinner- und Afternoon Cruises | Tickets ab 50 Dollar | Navy Pier | 600 E. Grand Ave. | Tel. 866 2 73 24 69 | www.spiritcruises.com/chicago | Bus 29, 65, 66, 124; U-Bahn/El Red Line bis Grand, ab dort kostenloser Trolley*

7 WRIGLEY BUILDING (129 D3) (*ᗰ E7*)

Nicht nur für die Genauigkeit seiner Uhr ist das Wrigley Building bekannt. Das Gebäude ist nämlich auch Hauptquartier des namensgebenden Kaugummikonzerns. Fertiggestellt wurde der Wolkenkratzer mit den zwei Türmen, der eindrucksvollen Terrakotta-Fassade und einem kleinen Park in seiner Mitte im Jahr 1924. *Tgl. tagsüber geöffnet | 400–410 N. Michigan Ave. | www.thewrigleybuilding.com | Bus 2, 3, 10, 26 125, 143–148, 151, 157; U-Bahn/El Red Line bis Chicago*

OLD TOWN & DER NORDEN

Westlich der North Dearborn Street, an der North Wells zwischen Division Street und North Avenue, liegt Old Town, das Vergnügungsviertel der Stadt.

Die North Avenue war ursprünglich als „German Broadway" bekannt, weil sich dort viele deutsche Einwanderer niederließen, die um 1840 nach Chicago kamen. Heute werden die viktorianischen Häuser vor allem von besser verdienenden Angestellten bewohnt, und abends gibt man sich in den zahlreichen Theatern und Clubs dem Vergnügen hin. Östlich von Old Town lockt Gold Coast, das Seeufer zwischen Oak Street und North Avenue. Im Westen gilt Wicker Park seit ein paar Jahren als absoluter „Trendy Spot". Hypermoderne Restaurants und Clubs geben der Gegend einen sehr kommerziellen Anstrich, zum Leidwesen der echten Künstler, die schon seit einigen Jahrzehnten dort wohnen. Im Nordteil der Stadt haben sich ethnische Minderheiten und Einwanderer niedergelassen, die während der letzten Jahrzehnte nach Chicago kamen.

■ CHICAGO HISTORY MUSEUM ★ ●
(127 D–E4) *(ᗰ E4)*

Kein trockenes Museum, sondern lebendige Ausstellungen zur Geschichte Chicagos und der USA. Die Entwicklung der Stadt am Lake Michigan wird von ihrer Gründung als Wildnisposten bis

zum 20. Jh. nachgezeichnet. Zahlreiche Fotografien und Dokumente belegen den unternehmerischen Geist der Bürger von Chicago. Ständige Ausstellungen wie „Chicago: Crossroads of America" beleuchten unterschiedliche Aspekte der Stadtgeschichte. Wechselnde Ausstellungen beschäftigen sich mit dem

Im Stadtteil Gold Coast: Golden erstrahlt die repräsentative Fassade im Sonnenlicht

Lincoln Park: Über 700 Motorboote finden Platz im Diversey Harbor

🔳2 LINCOLN PARK ⭐

(127 D–E 1–4) (ᗰ D–E 1–4)

Der größte (und vor allem längste) Park der Stadt erstreckt sich entlang dem Ufer des Lake Michigan. Die Anlagen wurden in den 1970er-Jahren auf dem ehemaligen Stadtfriedhof errichtet. Die Statue des berühmten Präsidenten, der dem Park seinen Namen gab, wurde von Augustus Saint-Gaudens geschaffen. Es gibt Strände, den Zoo, ein Konservatorium, einen Golfplatz, port- und Spielplätze und zwei Museen. Spazier- und Radwege durchziehen den Park, der ein Joggerrevier ist. *Bus 22, 145, 146, 147, 151, 156 bis Lincoln Park oder Diversy oder Wellington*

🔳3 LINCOLN PARK ZOO ●

(127 D1–2) (ᗰ D–E2)

Freier Eintritt und das ganze Jahr geöffnet – das gibt's nur im Lincoln Park Zoo, einem der schönsten und größten zoologischen Gärten der USA – und dem meistbesuchten. Über tausend Vögel, Reptilien und Säugetiere, darunter Elefanten, Gorillas, Nashörner, Bären und – zum Teil höchst seltene – Raubkatzen, leben in den fantasievoll gestalteten Gehegen der Anlage. *April, Mai, Sept., Okt. tgl. 10–17, Juni–Aug. Mo–Fr 10–17, Sa, So 10–18.30, Nov.–März tgl. 10–16.30 Uhr | Eintritt frei | 2200 N. Cannon Dr. | www.lpzoo.org | Bus 151, 156 bis Lincoln Park*

🔳4 PEGGY NOTEBAERT NATURE MUSEUM *(127 D1) (ᗰ D1–2)*

Seltene Pflanzen und Tiere in einem originellen „Hands-on"-Museum. Spielerisch kann man hier etwas über die Geheimnisse der Natur und viel über Umweltschutz erfahren. Im **INSIDER TIPP** *Butterfly Haven* umflattern Sie exotische Schmetterlinge in „freier Wildbahn". *Mo–Fr 9–17, Sa, So 10–17 Uhr | Eintritt 9 Dollar | 2430 N. Cannon Dr. | www.naturemuseum.org | Bus 77 bis Nature Museum*

alltäglichen Leben in der Pionierzeit, im „wilden Westen", während des Bürgerkriegs. *Mo–Sa 9.30–16.30, So 12–17 Uhr | Eintritt 14 Dollar | 1601 N. Clark St. | www.chicagohs.org | Bus 11, 22, 36, 72, 151, 156 bis Lincoln Park*

5 RUSH/DIVISION

(127 E6) (*W E5–6*)

Das neue Vergnügungsviertel der Stadt liegt am nördlichen Ende der Rush St. zwischen Rush, Dearborn, Oak und Division St. Eine Vielzahl von trendigen Restaurants, Cafés und Bars zieht vor allem jugendliches Publikum an. Bis spät in die Nacht tobt hier das Leben, an warmen Sommertagen sogar auf den Gehsteigen vor den Lokalen. *Bus 151 bis Division*

HYDE PARK & DER SÜDEN

Wentworth Avenue und Cermak Road sind die belebten Achsen der chinesischen Enklave Chinatown südlich vom Loop. Das hölzerne Chinatown Gate und rote Pagodendächer sowie Dim-Sum-Restaurants, Gemüseläden, Teehandlungen und Bäckereien bestimmen das Erscheinungsbild des Stadtteils.

Hyde Park, der ehemalige Vorort im Süden von Chicago, wurde nach dem Vorbild einer kleinen Stadt in New England angelegt und wirkt heute wie eine Oase im Schatten der University of Chicago. Westlich von der University of Illinois at Chicago wird italienisch gesprochen. Zahlreiche Restaurants und Straßencafés erinnern die italienischen Einwanderer an ihre Heimat.

Pilsen war vor dem Zweiten Weltkrieg das Viertel die bevorzugte Heimat der böhmischen Einwanderer. Im Norden und Süden von den alten Verschiebebahnhöfen der Eisenbahn eingerahmt, ist die Gegend heute ein Künstlerviertel. Hier sind zahlreiche Mauern mit den kunstvollen Wandgemälden („murals") mexikanischer Künstler verziert. Mit ih-

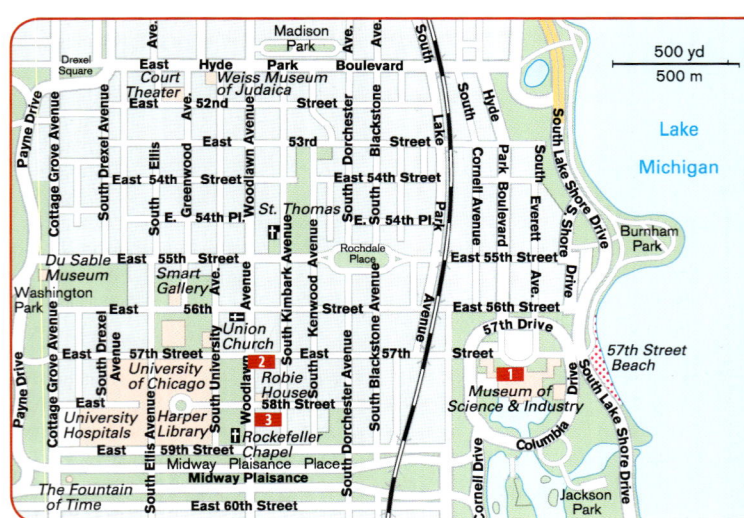

SEHENSWERTES IN HYDE PARK

1 Museum of Science and Industry   2 Robie House   3 Rockefeller Memorial Chapel

Fantastisches Museum in repräsentativem Rahmen: Museum of Science and Industry

ren schicken Restaurants und Läden gilt *Printer's Row*, das einstige Zentrum der Druckindustrie, als interessante Alternative zur Gold Coast und zu Old Town.

1 MUSEUM OF SCIENCE AND INDUSTRY ★ (135 F5) (*m5*)

Seit 1933 eine weltberühmte Institution in Chicago, heute Vorbild für alle anderen interaktiven Museen der Welt: Das Museum of Science and Industry mit seinen über 2000 Ausstellungen und Präsentationen sollte auf der Sightseeing-Liste ganz oben stehen. Der klassizistische Prachtbau war der *Palace of Fine Arts* während der Weltausstellung 1893. Planen Sie für den Besuch mindestens drei Stunden ein.

Auf keinen Fall versäumen sollten Sie die im offiziellen Lageplan durch farbige Piktogramme hervorgehobenen Attraktionen. Am bekanntesten wurde die originalgetreue Nachbildung eines Kohlebergwerks, in das man mit einem Förderkorb hinabfahren kann. Andere

Highlights: der Gang durch ein deutsches U-Boot aus dem Zweiten Weltkrieg, in dem kriegsentscheidende Geheimdokumente gefunden wurden, und eine teilweise zerlegte Boeing 727 (das Cockpit steht offen), der futuristische Rekordzug „Silver Streak" von 1930, eine Brutstation für Küken (man sieht die Küken aus den Eiern schlüpfen), das 5 m hohe Modell eines menschlichen Herzens, in dem man sich frei bewegen kann, Apollo- und Mercury-Raumkapseln samt einem Mondfelsen von der Apollo-17-Mission, eine Main Street um die Wende zum 20. Jh. und eine *Idea Factory*, eine Ideenfabrik für Computerkids, die so in die Geheimnisse der Wissenschaft eingeführt werden. Im *Omnimax-Theater* können Sie Dokumentationen wie „D-Day:Normandy 1944" im Superformat sehen. *Tgl. 9.30–16, Juni–Aug. bis 17.30 Uhr | Eintritt 18 Dollar, Omnimax 9 Dollar | 57th St./Lakeshore Dr. | www.msichicago.org | Bus 6 bis S. Hyde Park/56th St.; Bus 10 (Sommer) bis Museum*

Rockefeller Memorial Chapel: Im 63 m hohen Turm warten 72 Glocken auf ihren Einsatz

2 ROBIE HOUSE ● (135 F5) (*m5*)
Das großzügige Design und die Betonung der Horizontalen sind hervorstechende Merkmale der Prairie-School-Architektur, die an die Ebenen des amerikanischen Mittelwestens erinnern soll und von dem Architekten Frank Lloyd Wright entwickelt wurde. Bestes Beispiel für diese eher nüchterne, seinerzeit revolutionäre Bauweise ist das 1909 errichtete Robie House in der Woodlawn Avenue. Ein Teil des Gebäudes wurde renoviert und ist zugänglich. *Führungen Do–Mo 9–14 Uhr | Eintritt 15 Dollar | 5757 S. Woodlawn Ave. | www.flwright.org/visit/robiehouse | Bus 55 bis Woodlawn*

3 ROCKEFELLER MEMORIAL CHAPEL
(133 F5) (*m5*)
Ohne das „Kleingeld" des John D. Rockefeller, so sangen die Studenten zur Eröffnung, gäbe es keine University of Chicago. Über 35 Mio. Dollar spendete er der Universität. Die neogotische „Ka-

pelle", die heute seinen Namen trägt, ist ein monumentales Gebäude, das von Bertram G. Goodhue, dem Architekten des Empire State Building in New York, entworfen wurde. Über dem Altar wölbt sich ein kreisrundes bemaltes Fenster, und zu den häufigen Konzerten mit geistlicher Musik erklingt das zweitgrößte Glockenspiel der Welt. Das Gebäude ist für Besucher geöffnet. *Konzerte während des Semesters: So 11 Uhr | Besucher tgl. 8–17.30 Uhr | 5850 S. Woodlawn Avenue | Bus 6 bis Stony Island/57th St.*

AM RAND DER INNEN-STADT

In einer riesigen Metropole wie Chicago haben auch die Vororte ihren Reiz, sie wirken, wie überall auf der Welt, ge-

lassener und ruhiger als die hektische Innenstadt.

Vielleicht sind gerade deshalb einige der schönsten Friedhöfe dort angesiedelt. Aber in Chicago lohnt sich auch ein Spaziergang im Botanischen Garten. Mit Vorortzügen oder Bussen lassen sich alle diese Ziele relativ problemlos erreichen.

BAHA'I HOUSE OF WORSHIP
(135 E2) (*ⓜ l2*)

Louis Bourgeois gestaltete den prächtigen weißen Kuppelbau, der von gepflegten Gärten umgeben ist. Errichtet wurde er für die Anhänger des Baha'i, die an die Einheit aller Glaubensrichtungen glauben. *Besucherzentrum tgl. 10–20 Uhr, im Winter 10–17 Uhr | 100 Linden Ave. | Wilmette | www.bahai.us/bahai-temple | U-Bahn/El Purple Express bis Linden*

CHICAGO BOTANIC GARDEN ●
(135 D1) (*ⓜ k1*)

Zwanzig Gärten, ein Name: Der Botanische Garten von Chicago ist so groß, dass Sie sich auch in einer ● kleinen Bahn durch die Blütenpracht transportieren lassen können. Zu den Schmuckstücken gehören die **INSIDER TIPP** *English Walled and Rose Gardens*, die sich auch vor einem englischen Schloss ausbreiten könnten, der *Garden of Three Islands* mit seinen wortwörtlichen Inseln der Ruhe, der *Fruit and Vegetable Garden* mit fruchtbaren Obst- und Gemüsefeldern, der *Waterfall Garden* mit seinen Wasserfällen, die Waldlandschaft *McDonald Woods* und die *Dixon Prairie*, in der die Flora der Prärie gezeigt wird. *Tgl. 8 Uhr bis Sonnenuntergang | Eintritt frei, Parkgebühr 25 Dollar | 1000 Lake Cook Rd. Glencoe (30 Min. nördlich der Stadt) | www.chicagobotanic.org | Vorortzug bis Glencoe, dann Bus 213 bis Botanic Garden*

INSIDER TIPP GARFIELD PARK CONSERVATORY (135 E4) (*ⓜ l4*)

Riesige Gewächshäuser mit seltenen exotischen Pflanzen, nach Themen geordnet, und ein vorbildlicher Park mit Bäumen, Büschen und Seen. Ein grüner Geheimtipp für Natur- und Gartenfreunde. *Tgl. 9–17 Uhr, Mi bis 20 Uhr | Eintritt frei | 300 N. Central Park Ave. | www.garfieldconservatory.org | U-Bahn/El Green Line bis Conservatory/Central Park Dr.*

GRACELAND CEMETERY ●
(135 E3) (*ⓜ l3*)

Der zweifellos schönste Friedhof der Stadt wurde 1860 angelegt und liegt

RICHTIG FIT!

Versteckte Oase in der Megacity und Geheimtipp für begeisterte Jogger: Der *Riverwalk*, ein asphaltierter Pfad zu beiden Seiten des Chicago River, eignet sich hervorragend für den morgendlichen Fitnesslauf und erfrischende Spaziergänge. Die beste Route: über die nördliche Treppe an der Michigan Avenue Bridge zum Fluss hinunter und in Richtung Lake Michigan ins beschauliche Wohnviertel Streeterville. Zur Lunchzeit schießt eine Wasserfontäne aus dem ● *Centennial Fountain* (129 E3) (*ⓜ f7*) über den Fluss. In der Nähe sollte der neue Super-Wolkenkratzer *Chicago Spire* (610 m) hochgezogen werden, der Bau wurde jedoch wegen Geldmangels verschoben.

im Schatten der Apartmenthäuser an der Clark Street. Zu dieser Zeit gab es nur wenige öffentliche Parks in den USA, und die Friedhöfe hatten einen doppelten Zweck zu erfüllen: Sie sollten Ruhestätte für die Toten und Erholungsstätte für die Lebenden sein. Zahlreiche Berühmtheiten liegen hier begraben: Architekten wie Ludwig Mies van der Rohe, Daniel Burnham und Louis Sullivan, der Eisenbahnwaggonhersteller George Pullman, der Privatdetektiv Allen Pinkerton, Kaufhausgründer Marshall Field und der Mitbegründer der amerikanischen Baseball-Liga, William A. Hulbert, dessen Grabstein natürlich von einem Baseball gekrönt wird. *Tgl. bis zur Dunkelheit | 4001 N. Clark St. | El Brown Line bis Irving Park*

HEMINGWAY MUSEUM
(135 D4) (*k4*)

Mit einer gelungenen, chronologisch geordneten Ausstellung interessanter und teilweiser seltener Fotografien dokumentiert das abgelegene Museum in Oak Park das Leben von Ernest Hemingway. Der Schriftsteller verbrachte die ersten achtzehn Jahre seines Lebens in dem beschaulichen Vorort, über den er allerdings wenig Gutes zu sagen hatte. Als ein Städtchen mit „großen Rasenflächen und engstirnigen Gedanken" bezeichnete der Dichter seinen Heimatort. Sehr interessant ist auch der achtminütige Film über sein Leben, der in dem Museum gezeigt wird. *So–Fr 13–17, Sa 10–17 Uhr | Eintritt 10 Dollar | 200 N. Oak Park Ave. | Oak Park | U-Bahn/El Green Line bis Oak Park*

BÜCHER & FILME

▶ **Chicago** – Das 1926 uraufgeführte Musical von John Kander war auch in der Filmversion mit Renée Zellweger, Catherine Zeta-Jones und Richard Gere ein Erfolg. Mitreißende Songs entführen ins Chicago der 1920er-Jahre (2002)

▶ **Der Clou** – Auch ohne Computertechnik fühlt man sich in dieser Gaunerkomödie von George Roy Hill mit Paul Newman und Robert Redford ins Chicago des Jahrs 1936 zurückversetzt (1973)

▶ **Die Unbestechlichen** – Der Kriminalfilm („The Untouchables") von Brian de Palma schildert den Kampf des Agenten Eliot Ness (Kevin Costner) und seiner Kollegen (Oscar für Sean Connery) gegen Al Capone (Robert de Niro), der schließlich wegen Steuerhinterziehung ins Gefängnis muss (1987)

▶ **Blues Brothers** – In der Comedy-Kultsendung „Saturday Night Live" waren die Blues Brothers mit John Belushi und Dan Aykroyd ein Running Gag. Die Rollen der beiden Soul- und R&B-Musiker machten den Darstellern so viel Spaß, dass John Landis einen Spielfilm mit den schwarz gekleideten Brillenträgern drehte (1980)

▶ **Der Dschungel** – In seinem ersten Roman („The Jungle") prangert der sozialkritische Autor Upton Sinclair 1906 die Zustände in einer Chicagoer Fleischfabrik Anfang des 20. Jhs. an

▶ **Die Frauen** – T. C. Boyle hat sich auf die ihm eigene respektlose und doch liebevolle Weise dem Leben des berühmten Architekten Frank Lloyd Wright gewidmet. Großartig! (2009)

Das Hemingway Museum erinnert an einen der größten Schriftsteller Amerikas

Ungefähr zwei Meilen nördlich vom Museum liegt das Geburtshaus des Nobelpreisträgers, in dem er am 21. Juli 1889 das Licht der Welt erblickte. Das *Queen Anne House,* der Wohnsitz seiner Großeltern mütterlicherseits, ist als *Ernest Hemingway Birthplace Home (So–Fr 13–17, Sa 10–17 Uhr | Eintritt 10 Dollar | 339 N. Park Ave. | www.ehfop.org)* der Öffentlichkeit zugänglich. Es ist ein hervorragendes Beispiel für die Wohnkultur gehobener Kreise im späten 19. Jh. Den größten Teil seiner Jugend verbrachte Hemingway allerdings im Haus 600 Kenilworth Avenue ein paar Blocks weiter. Es befindet sich in Privatbesitz.

NATIONAL MUSEUM OF MEXICAN ART (135 E4) (*Ⅱ* I4)

Mexikanische Kunst in Pilsen, dem Wohnviertel der mexikanischen Einwanderer: Das vorbildliche Museum zeigt die ganze Bandbreite lateinamerikanischer Kunst, von präkolumbianischen Götterstatuen bis zur Avantgarde junger mexikanischer Einwanderer in die USA. Unter den über tausend Objekten, die zurzeit ausgestellt sind, befinden sich Gemälde mexikanischer Meister wie Diego Rivera, José Clemente Orozco und David Alfaro Siqueiros, Folk Art der Linares-Familie und zeitgenössische Kunst von Carmen Lopez Garza. Den Gedenktag „Tag der Toten", der acht Wochen lang gefeiert wird und im September beginnt, begleitet das Museum mit Ausstellungen, Musikveranstaltungen und vielen anderen Festivitäten. *Di–So 10–17 Uhr | Eintritt frei | 1852 W. 19th St. | www. nationalmuseumofmexicanart.org | Bus 9, U-Bahn Blue Line bis 18th St.*

ROSEHILL CEMETERY (135 E3) (*Ⅱ* I3)

Seit 1859 ein beschaulicher Friedhof in der North Side und letzte Ruhestätte für mehrere Hundert Soldaten des amerikanischen Bürgerkriegs. Deshalb wird jedes Jahr eine Zeremonie zu Ehren der kämpfenden Truppe in dieser blutigen Auseinandersetzung abgehalten. *5800*

Spannende An- und Aussichten vom Schiffsdeck aus: Architecture River Cruise

N. Ravenswood Ave. | Bus 49 B, El Brown bis Western Avenue

UNITY TEMPLE (135 D4) (*ɯ k4*)

Das Gotteshaus der Unitarian Universalist Church gilt als perfektes Beispiel für den zweckmäßigen Prairie-House-Stil von Frank Lloyd Wright. Der Architekt war gezwungen, mit einem minimalen Budget auszukommen, ließ verstärkte Betonziegel verwenden und war dennoch zufrieden: „Die erste wahre Verkörperung meiner Idee!" Im nüchternen Innenraum des Gotteshauses fühlt man sich von der Welt abgeschirmt, man steht nahe beim Prediger und verlässt die Kirche, indem man auf ihn zugeht. Interessant auch das geometrische Design der bernsteinfarbenen Fenster, die ein eigentümliches Licht verbreiten. *Mo, Mi–Fr 9–15, Sa 9–13 Uhr | Führungen Mo, Mi–Fr stdl. 9.30–13.30 u. 14 Uhr, Sa stdl. 9.30–11.30 u. 12 Uhr | Eintritt 12 Dollar, inkl. Tour 15 Dollar | 875 Lake St. | www.flwright.org/visit/unitytemple | El Green Line bis Harlem*

STADT-FÜHRUNGEN

Auch in Chicago gibt es 08/15-Führungen mit Bussen und Limousinen. Wesentlich interessanter aber ist z. B. das Programm der Chicago Architecture Foundation mit einer Vielzahl von fachkundigen Führungen zu den architektonischen Schätzen der Stadt.

INSIDER TIPP▶ ARCHITECTURE RIVER CRUISE ☀

Anderthalbstündige Rundfahrt der Chicago Architecture Foundation, von Kennern als bestes Angebot dieser Gesellschaft gepriesen, weil es interessante Information mit großartigen Panorama-Ansichten der Skyline verbindet. Die Guides sind für ihre kurzweiligen und informativen Vorträge bekannt. *Juni–Mitte Okt. Mo–Do 10–17.30, Fr 9.30–19.30, Sa 9–17.30, So 9–19.30 (auch im Frühling u. Spätherbst, Termine s. Website | Ticket 37,85 Dollar | Michigan Avenue Bridge | www.architecture.org | Bus 2, 3, 10, 145, 146, 147, 150, 151 bis Wacker Dr.*

CHICAGO ARCHITECTURE FOUNDATION ★ (129 D5) (⊠ E9)

Die Gesellschaft bietet mehr als 60 geführte Touren an, die sich alle mit der einzigartigen Architektur von Chicago befassen. Fachkundige *guides* kennen die Geschichte der Gebäude bis ins Detail und geizen nicht mit Anekdoten. Es gibt auch Ausstellungen und Vorträge. *Sa–Do 9–18.30, Fr 9–19 Uhr | Ticket ab 10 Dollar | 224 S. Michigan Ave. | Tel. 312 9 22 34 32 | www.architecture.org | Bus 1, 3, 4 ; U-Bahn/El Green Line, Orange Line, Brown Line bis Adams*

CHICAGO GREETERS

Die einzelnen Stadtviertel Chicagos sind mit öffentlichen Verkehrsmitteln oder Leihfahrrädern schnell erreicht. Sie können auf eigene Faust erkundet werden. Besser und vor allem vertiefender geht es aber mit Einheimischen, den *Chicago Greeters.* Die zwei- bis vierstündigen „Greeter Visits" sind kostenlos. Sie müssen zehn Werktage vorab angefragt werden, am besten mit Sprachwunsch – auch Deutsch ist möglich – und dem gewünschten Stadtviertel. *Info und Buchung unter chicagogreeter.com*

INSIDER TIPP ▶ UNTOUCHABLE TOURS (128 C3) (⊠ E7)

Auf den Spuren legendärer Gangster wie Al Capone werden Sie durch Chicago und zu den Hochburgen der wilden 1930er-Jahre geführt. Die *guides* fahren als Gangster verkleidet im Bus mit und erklären historische Schauplätze wie den O'Bannion's Flower Shop, in dessen Garage das berüchtigte St. Valentine's Day Massacre stattfand. Höchst unterhaltsam. *10924 S. Prospect Ave. | die Touren beginnen beim Rock 'n' Roll McDonald's, Ecke Clark/Ohio St. | Tel. 773 8 81 11 95 | www.gangstertour.com | Mo–Do 11, Fr 11, 13 u. 19, Sa 11, 13, 15, 17 u. 19, So 11 u. 13 Uhr | Ticket 30 Dollar | U-Bahn/El Red Line bis Grand/State*

ENTSPANNEN & GENIESSEN

Selbst mitten in der Stadt können Sie in Chicago herrlich relaxen – vor allem im Sommer am Ufer des Lake Michigan, dessen Wassertemperatur allerdings selten über 18 Grad steigt. Die meisten Leute sonnen sich am ● *Loyola Beach (1230 W. Greenleaf Ave.* **(135 E2)** *(⊠ I2).* Ruhiger sind der *Montrose Beach (4400 N. Lake Shore)* **(135 E3)** *(⊠ I3)* und der *Lighthouse Beach* in Evanston **(135 E2)** *(⊠ I2).*

Beachvolleyball-Treff ist der *North Avenue Beach (1600 N. Lake Shore)* **(127 E3, F 3–4)** *(⊠ G7–8).* Am *Oak Street Beach (1000 N. Lake Shore)* **(127 F6)** *(⊠ F9–10)* treffen sich die Schachspieler. Eine schöne Sicht auf die Skyline hat man am *South Shore Beach (7059 S. Shore Dr.)* **(135 F5)** *(⊠ m5).* Also auch bei einer Städtereise nach Chicago auf keinen Fall Badeklamotten vergessen.

ESSEN & TRINKEN

Al Capone mochte sein Steak durchgebraten. Schon zu seiner Zeit war Chicago für seine erstklassigen Steakhäuser bekannt, und auch der Gangsterkönig hatte von seiner Lieblingspasta einmal genug. Immerhin wurden in Chicago die meisten Rinder der Vereinigten Staaten geschlachtet, und das beste Fleisch behielt man natürlich für sich.

Mit dem Schweinefleisch war es ähnlich, aber viele Amerikaner mögen kein *pork*, und die Schweine werden heute noch zu *Frankfurters* und *Wieners* verarbeitet. Und natürlich zu Hotdogs, den berühmten Amiwürstchen, ohne die kein Baseballspiel auf dem Wrigley Field komplett ist und die in New York an jeder Ecke verkauft werden. Aber das sind keine Hotdogs, antwortet man in Chicago, denn in der Windy City ist es nicht damit getan, die heißen Würstchen zwischen zwei Brötchenhälften zu stecken und mit Senf und Sauerkraut zu bedecken. In Chicago hat man die Herstellung der Hotdogs zur Kunst erhoben. Der Klassiker wird mit würzigem Senf, süßem Relish, gehackten Zwiebeln, Tomatenscheiben, Selleriesalz und Paprikaschnitzeln verfeinert. Und das sind nur die Basics. Jeder Hotdog-Imbiss hat sein eigenes Rezept.

Auch die berühmte Pan Pizza wurde nicht von Pizza Hut, sondern in Chicago erfunden. Die Zubereitung einer knusprigen Kruste überlässt man den Italienern und New Yorkern. Eine Pizza *made in Chicago* muss schwer in der Hand liegen und reichlich belegt sein. Ohne ein scharfes Messer sollte man sich an keine Pan

Bild: Pan Pizzas mit Beilage

In Chicago wurde die Pan Pizza erfunden und der Hotdog verfeinert, aber auch verwöhnte Gourmets finden gute Adressen

Pizza wagen. Gleiches gilt auch für die hervorragenden Steaks und die Ribs. Chicago ist eine ehrliche Stadt, und die Leute wissen eine deftige Mahlzeit zu schätzen. Was nicht heißen soll, dass Gourmets zu kurz kommen. Im Gegenteil: Die ethnische Vielfalt sorgt für ein breites Spektrum erlesener Restaurants, die mit den besten Lokalen in Italien, Frankreich, Griechenland, China, Japan und Russland konkurrieren könnten. Eine ganze Reihe von Drei-Sterne-Köchen brilliert in weltberühmten Restaurants wie dem Alinea und dem Tru mit innovativen Gerichten und preisgekrönter Küche. Sogar aus New York kommen Gourmets in die Windy City geflogen.

Die meisten Restaurants haben zum Lunch *(ca. 11.30–15 Uhr)* und zum Dinner *(ca. 17–22 Uhr)* geöffnet.

CAFÉS

MILK & HONEY CAFE (135 E3) *(m I3)*
Stimmungsvoller Coffeeshop in Wicker Park mit erstklassigem Kaffee und einer

variantenreicher Gebäckauswahl. Bei schönem Wetter mit Straßencafé. *Tgl. | 1920 W. Division St. | Tel. 773 3 95 94 34 | www.milkandhoneycafe.com | U-Bahn/El Blue Line bis Division*

TOAST (126 B2) (*C2*)

Frühstück den ganzen Tag: Toast und köstliche Pfannkuchen in allen Variationen. Wem nach einem Banana-Pecan oder Mango Pancake zumute ist, ist hier richtig. Auch Sandwiches sind im Ange-

Im Berghoff gibt es richtig gute deutsche Küche – und sogar dunkles Bockbier

bot. *Tgl. | 746 W. Webster St. | Tel. 773 9 35 56 00 | www.toast-chicago.com | U-Bahn/El Red Line, Brown Line bis Fullerton*

ARUN'S (135 E3) (*I3*)

Arun Sampanthavivat präsentiert thailändische Küche in Vollendung. Kritiker schwärmen von diesem Thai-Restaurant als dem besten in Nordamerika. Bestellen Sie das Menü (von allem ein bisschen)! *Mo geschl. | 4156 N. Kedzie Ave. | Tel. 773 5 39 19 09 | www.arunsthai.com | Bus 80 bis Irving Park Rd.*

BLACKBIRD ★ (128 A4) (*C8*)

Moderner Gourmettreffpunkt in zeitgenössisch coolem Design. Heimische Zutaten werden auf dem Teller zu kulinarischen Kunstobjekten, die auch noch schmecken. Die Gerichte wechseln meist täglich, je nachdem, was der Markt bietet. Desserts zum Niederknien. *So geschl. | 619 W. Randolph St. | Tel. 312 7 15 07 08 | www.blackbirdrestaurant. com | U-Bahn/El Green Line, Pink Line bis Clinton/Green*

CARSON'S ★ (128 C2) (*D7*)

„The Place for Ribs" steht über dem Eingang, und das sagt alles: Hier gibt es die besten Spareribs von Chicago – auch zum Mitnehmen. *Tgl. | 612 N. Wells | Tel. 312 2 80 92 00 | www.ribs.com/chicago | U-Bahn/El Red Line bis Grand*

COCO PAZZO (128 B2) (*D7*)

Veredelte Hausmannskost aus der Toskana, vielleicht der beste Italiener der Stadt. Das Original steht in New York. Selbst Risotto und Pizza werden in Italien nicht besser zubereitet. *Tgl. | 300 W. Hubbard St. | Tel. 312 8 36 09 00 | www. cocopazzochicago.com | U-Bahn/El Brown Line bis Merchandise Mart*

GENE AND GEORGETTI'S
(128 B3) *(ΩΩ D7)*

Eines der angesagten Steaklokale der Stadt, seit über 50 Jahren eine Institution. Die durchweg erstklassigen Gerichte – neben Steaks gibt es Meeresfrüchte, Pasta und anderes Italienisches – haben natürlich ihren Preis. *So geschl. | 500 N. Franklin St. | Tel. 312 5 27 37 18 | www.geneandgeorgetti.com | U-Bahn/El Brown Line bis Merchandise Mart*

GIBSON'S STEAKHOUSE
(127 E6) *(ΩΩ E5)*

Die meisten Gäste kommen wegen der saftigen Steaks, aber einige wollen auch nur Prominenten erspähen oder selbst gesehen werden. Noch beliebter als die Steaks sind die `INSIDER TIPP` riesigen Martinis! *Tgl. | 1028 N. Rush St. | Tel. 312 2 66 89 99 | www.gibsonssteakhouse.com | Bus 36 bis State/Bellevue*

MIRAI **(135 E3)** *(ΩΩ I3)*

Die Mitglieder des Sushi Club Chicago listen diesen Edeljapaner unter den Top Five seiner Zunft auf. Superfrische Nigiri Sushi und `INSIDER TIPP` innovative Maki-Gerichte. Sehr teuer, aber jeden Cent wert! *Tgl. | 2020 W. Division St. | Tel. 773 8 62 85 00 | www.miraisushi.com | U-Bahn/El Blue Line bis Division*

`INSIDER TIPP` SIGNATURE ROOM AT THE 95TH ✂ **(129 D1)** *(ΩΩ F6)*

Amerikanische Küche – Hummer aus Maine, Surf and Turf & Co – wird hier hoch über den Dächern von Chicago serviert, im 95. Stock des John Hancock Centers – die Aussicht ist atemberaubend. Sunday Brunch und Live Piano. *Tgl. | 875 N. Michigan Ave. | Tel. 312 7 87 95 96 | www.signatureroom.com | U-Bahn/El Red Line bis Chicago; Bus 125, 145–147, 151 bis Chestnut*

RESTAURANTS €€

THE BERGHOFF **(129 D5)** *(ΩΩ E9)*

1898 von einem deutschen Einwanderer gegründet und seitdem (mit einer kurzen Unterbrechung) ein Klassiker unter Chicagos Restaurants. Hier gibt es Jägerschnitzel, Schlachtplatte mit Blut- und Leberwurst wie bei Muttern, Bratwurst „with sauerkraut" und Kalbsleber mit Zwiebeln und Kartoffelmus – deutsche Küche, die auch verwöhnten Urlaubern schmeckt. *So geschl. | 17 W. Adams St. | Tel. 312 4 27 31 70 | www.theberghoff.com | U-Bahn/El Green Line, Brown Line, Orange Line bis Adams/Wabash*

BLIND FAITH CAFÉ ★ ☺
(135 E2) *(ΩΩ L2)*

Exzellentes „grünes" Restaurant mit einem delikaten vegetarischen Menü, das auch Fleischliebhaber glücklich macht. Dazu wunderbare Salate und Sandwiches. Der „Dark Chocolate Eskimo Pie" zum Dessert mit Vanilleeis und Himbeersauce ist ein Gedicht. Und Frühstück gibt

★ **Blackbird**
Cool und modern, mit avantgardistischer Küche und kommunikativen Gästen → S. 54

★ **Blind Faith Café**
Das beste vegetarische Restaurant der Stadt, und das seit mehr als 30 Jahren → S. 55

★ **Carson's**
Die besten Spareribs der Stadt → S. 54

★ **Superdawg Drive-In**
Fifties-Feeling in einem nostalgischen Drive-In → S. 61

MARCO POLO HIGHLIGHTS

es bis 15 Uhr. *Mo geschl. | 525 Dempster St. | Evanston | Tel. 847 3 28 68 75 | www. blindfaithcafe.com | U-Bahn/El Purple Line bis Dempster St.*

LE COLONIAL (129 D1) *(⏅ E6)*

Das Saigon der 1920er-Jahre in einem gemütlichen Townhouse mit Terrasse: Die Palmen und Rattanmöbel passen zum Namen und zur vietnamesischen Karte. Der exotisch gewürzte Fisch ist sehr empfehlenswert. *Tgl. | 937 N. Rush St. | Tel. 312 2 55 00 88 | www. lecolonialchicago.com | U-Bahn/El Red Line bis Chicago/State*

INSIDER TIPP HOT WOKS COOL SUSHI (131 D1) *(⏅ F8)*

Gute Sushi und Maki, frisch und zu moderaten Preisen, auch Bier und Cocktails sind im Angebot. Es gibt vier weitere Locations im Raum Chicago. Alle bieten auch Lieferservice. *Tgl. | 30 S. Michigan Ave. | Tel. 312 3 45 12 34 | www.hotwoks coolsushi.com | U-Bahn/El Brown/Green/ Orange/Pink/Purple Line bis Madison*

INSIDER TIPP KINZIE STREET CHOPHOUSE (128 C3) *(⏅ D7)*

Für Restaurantkritiker Alan Shannon das beste Steakhouse der Stadt: „Aber

GOURMETTEMPEL

Alinea (126 B4) *(⏅ C4)*

Unter die 50 weltbesten und zehn besten amerikanischen Restaurants wurde das Alinea gewählt. Hier begeistert Grant Achatz mit seiner progressiven und kreativen Küche. Ungewöhnliche und gewagte Geschmackskombinationen bestimmen die fantasievoll dargebotenen Gerichte, zum Dessert zaubert der Chef eine Schokolandschaft auf die Tischdecke! Menüs ab 210 Dollar. *Mo, Di geschl. | 1723 N. Halsted St. | Tel. 312 8 67 01 10 | www.alinearestaurant.com | U-Bahn/El Red Line bis North/Clybourn*

Tru Restaurant (129 D2) *(⏅ F7)*

Eines der innovativsten Restaurants in Chicago. Küchenchef Anthony Martin ist für seine kühnen Kompositionen aus der französischen und asiatischen Küche bekannt. Exzellente Weinkarte. Menüs ab 115 Dollar. *So geschl. | 676 N. St. Clair St. | Tel. 312 2 02 00 01 | www. trurestaurant.com | Bus 3, 10, 26, 125, 143–148, 151,157 bis Ontario*

Everest ☽ (128 C6) *(⏅ E10)*

Schon wegen der gigantischen Aussicht vom 40. Stock des Börsengebäudes lohnt sich der Besuch. Chef Jean Joho ist einer der Großen seiner Zunft, er stammt aus dem Elsass und überzeugt mit leichter französischer Küche. Über 1700 Weine auf der Wine List! Menüs ab 120 Dollar. *So, Mo geschl. | 440 S. LaSalle St. | Tel. 312 6 63 89 20 | www. everestrestaurant.com | U-Bahn/El Purple, Brown, Orange Line bis LaSalle*

L20 Restaurant (127 D1) *(⏅ D2)*

Mehrfach ausgezeichneter „Seafood Temple". Laurent Gras ist für seine Fischgerichte bekannt und weiß auch Schalentiere superb zuzubereiten. Ein Teil seiner Kreationen kann asiatischen Einfluss nicht verleugnen. Vielleicht das beste Fischrestaurant der USA. Menüs ab 140 Dollar. *Di, Mi geschl. | 2300 N. Lincoln Park West | Tel. 773 8 68 00 02 | www.l2orestaurant.com | Bus 151 bis Stockton/Fullerton*

Grüner Knoblauch, Sellerie, Portulak: Leicht und modern kommt Chicagos Hochküche daher

immer noch ein Geheimtipp!" Saftiger sind die Steaks nirgendwo. Preisgekrönte Weinkarte. *Tgl. | 400 N. Wells St. | Tel. 312 8 22 01 91 | www.kinziechophouse.com | U-Bahn/El Brown Line, Purple Line bis Merchandise Mart*

NANA ORGANIC (135 E4) (*D C16*)
Grüner geht's nicht: In diesem Familienrestaurant kommen nur ökologisch einwandfreie Gerichte auf den Tisch, frei von Zusatzstoffen, Wachstumshormonen und Geschmacksverstärkern. Und so schmeckt es auch! *Mo u. Di abends geschl. | 3276 S. Halsted St. | Tel. 312 9 29 24 86 | www.nanaorganic.com | Bus 8 bis Halsted/33rd*

THE PURPLE PIG (129 D3) (*D E7*)
Der Name ist Programm: Vom Sandwich mit *pulled pork* bis zu Innereien und ausgefeilten Menüs ist alles vom Schwein zu haben. Das beliebte Restaurant füllt sich schnell und schon am frühen Abend. Es gibt auch Gerichte für Vegetarier. *Tgl. | 500 N. Michigan Ave. | Tel. 312 4 64 17 44 | www.thepurplepigchicago.com | U-Bahn/ El Red Line bis Grand*

REZA'S (128 B2) (*D D7*)
Bestens gewürzte persische und arabische Küche mit hervorragenden Vorspeisenvariationen von Hummus bis Tabbouleh. Wer Hühnchen mag, sollte das in der wunderbaren Granatapfelsauce probieren. Großes Angebot für Vegetarier. *Tgl. | 432 W. Ontario St. | Tel. 312 6 64 45 00 | www.rezarestaurant.com | U-Bahn/El Red Line bis Grand*

RESTAURANTS €

THE ART OF PIZZA (135 E3) (*D I3*)
Die Deep Dish Pizza wurde von der Chicago Tribune als beste der Stadt gelobt, mit viiiiiel geschmolzenem Käse. Auch wer „nur" Pizzen mit hauchdünnem Boden mag, findet hier eine respektable Auswahl. Fehlanzeige bei Getränken, es sei denn, man beschränkt sich auf Cola oder Wasser. *Tgl. | 3033 N. Ashland Ave. | Tel. 773 3 27 56 00 | www.artofpizzainc.com | Bus 77 bis Belmont & Lincoln/Ashland*

BIG STAR (135 E4) (*D I4*)
Chicagos geheime Taco-Zentrale. In der früheren Tankstelle werden sie noch aus

Wohl bekomm's! Im Ed Debevic's tanzen Kellner aller Gewichtsklassen auf dem Tresen

Maismehl gemacht, mit scharfen und würzigen Füllungen, auch mit Schweinebauch aus dem Backofen. Klar, dass ein Tequila danach nicht zu verachten ist. Außerdem gibt es hier ein respektables Sortiment an Bourbons. *Tgl. | 1531 N. Damen Ave. | Tel. 773 2 35 40 39 | bigstarchicago.com | U-Bahn/El Blue Line bis Damen*

INSIDER TIPP ▶ BONGO ROOM
(129 E3) *(ɷ I3)*

„Very hip" und eines der angesagten Frühstückslokale in Wicker Park/Bucktown. Für Spätaufsteher, die schon morgens Besonderes auf dem Teller haben wollen. *Tgl. | 1470 N. Milwaukee Ave. | Tel. 773 4 89 06 90 | www.thebongoroom.com | U-Bahn/El Blue Line bis Damen*

CAFÉ IBÉRICO (128 C2) *(ɷ E10)*

Südamerikanische Tapas werden auf zwei Stockwerken serviert, unter einem Himmel aus Kacheln und Weinflaschen. Gegrillter Oktopus und gegrillter Lachs mit grünem Pfeffer gehören zu den Spezialitäten. *Tgl. | 739 La Salle St. | Tel. 312 5 73 15 10 | www.cafeiberico.com | U-Bahn/El Brown Line bis Chicago*

INSIDER TIPP ▶ ED DEBEVIC'S
(128 C3) *(ɷ D7)*

Preiswerter Diner im Stil der 1950er- und 1960er-Jahre. Cheeseburger, Hotdogs, hausgemachter Hackbraten („Ed's Mom's Meatloaf") und quietschbunte Milchshakes machen hier jeden Diätplan zunichte. Zur Unterhaltung der Gäste und Musik vom Discjockey tanzen (und singen) die Kellner. *Tgl. | 640 N. Wells St. | Tel. 312 6 64 17 07 | www.eddebevics.com | U-Bahn/El Red Line bis Grand/State*

GREEN DOOR TAVERN
(128 B2) *(ɷ D7)*

Seit 1921 eine Institution in einem windschiefen Holzgebäude. Es kommen amerikanische Sandwiches auf den Tisch, und der Hickory Burger sättigt auch einen ausgewachsenen Cowboy. *Tgl. | 678 N. Orleans St. | Tel. 312 6 64 54 96 | www.greendoorchicago.com | U-Bahn/El Brown Line bis Chicago*

NORTHSIDE TAVERN (135 E3) (*m l3*)
Uriges Lokal mit einem schönen Innenhof in Wicker Park. Die Burger sind preiswert und gut, ebenso die Sandwiches, mittags stehen schmackhafte Specials wie Chicken Chopped Salad auf der Karte. *Tgl. | 1635 N. Damen Ave. | Tel. 773 3 84 35 55 | www.northsidechicago.com | U-Bahn/El Blue Line bis Damen*

THE POTBELLY SANDWICH
(135 E3) (*m C2*)
Ambiente weniger als null, aber die Sandwiches gehören zu den besten (und größten) der Stadt: Von den College Kids, die zu den Stammkunden gehören, werden Schinken/Käse und Thunfisch/Käse favorisiert. *So geschl. | 209 S. LaSalle St. | Tel. 312 2 69 16 84 | www.potbelly.com | Bus 7, 126 bis LaSalle/Adams*

SMOKEDADDY'S (135 E3) (*m l3*)
Stimmungsvolle alte Bar, sogar den Spiegel überm Tresen gibt's hier noch. Erstklassiges Barbecue zu erstaunlich niedrigen Preisen, untermalt von Western Music. *Tgl. | 1804 W. Division St. | Tel. 773 7 72 66 56 | www.thesmokeddaddy.com | U-Bahn/El Blue Line bis Division*

THREE HAPPINESS (132 B2) (*m E13*)
Sieht wie eine üble Kaschemme aus, zählt aber zu den besten und authentischsten chinesischen Restaurants der Stadt. Hausmannskost aus dem Reich der Mitte, von der ganzen Familie zubereitet und serviert. *Tgl. | 209 Cermak Rd. | Tel. 312 8 42 19 64 | U-Bahn/El Red Line bis Cermak/Chinatown*

INSIDER TIPP UNCOMMON GROUND
(135 E3) (*m l3*)
„Grünes" Restaurant der Extraklasse: Die Köche verarbeiten nur Fleisch von frei lebenden Tieren und biologisch angebautes Gemüse und Obst. Von der Stadt als „Greenest Restaurant" ausgezeichnet. Ein Teil des Gemüses wächst auf der eigenen „Rooftop Farm" auf dem Dach. *Tgl. | 1401 W. Devon Ave. | Tel. 773 4 65 98 01 | www.uncommonground.com | Bus 155 bis Devon/Glenwood*

INSIDER TIPP WHOLE FOODS
(128 C2) (*m E7*)
Die Chicagoer Filiale der Bio-Supermarktkette ist riesig. Ideal für den schnellen, gesunden Lunch: An der großen Lunch- und Salatbar kann man sich sein Menü selbst zusammenstellen und vor Ort verspeisen. *Tgl. | 30 W. Huron St. | Tel. 312 9 32 96 00 | www.wholefoodsmarket.com | Bus 36 bis State/Huron*

LOW BUDG€T

▶ *Portillo's Hot Dogs* wurde mehrfach zum besten unter den preiswerten Restaurants gewählt. Hier gibt es riesige Hotdogs, Italian Beef Sandwiches und eine kolossale Pasta Bowl zu niedrigen Preisen. *Tgl. | 100 W. Ontario St.* **(128 C2)** (*m E7*) *| Tel. 312 5 87 89 10 | www.portillos. com | U-Bahn/El Red Line bis Grand*

▶ Food Trucks (Imbisswagen) mit Spezialitäten erobern auch Chicago. Mit kreativen Sandwiches, Aufläufen und Salaten punktet *Southern Mac & Cheese*. Über *twitter.com/thesou thernmac* erfährt man die täglichen Haltepunkte.

SPEZIALITÄTEN

▶ **Barbecued Ribs** – Spareribs, meist vom Rind und größer und schmackhafter als anderswo auf der Welt. Die BBQ-Sauce wird nach Geheimrezepten angefertigt

▶ **Cheese Cake** – Käsekuchen à la Chicago – unvergleichlich gehaltvoll und cremig. Mit Erdbeermarmelade und anderen Toppings

▶ **Deep Dish Pizza** – wurde nach dem Zweiten Weltkrieg in Chicago erfunden. Dicker als ein Zwiebelkuchen und voller Kalorien

▶ **Frango Mints** – Schokoladenplätzchen mit Pfefferminzfüllung

▶ **Goose Island Beer** – selbst gebrautes Bier der Goose Island Brewing Company – im gleichnamigen Lokal der Renner

▶ **Hotdog** – in Chicago nur echt mit einer Frankfurter von „Vienna Beef" mit viel Zwiebeln, grünem Relish, Senf, Gurken und Tomaten (Foto li.)

▶ **Ice Cream Sundae** – Vanilleeis mit Schoko- oder Erdbeersirup. In Chicago mit besonders viel Butterfett – einfach besser (Foto re.)

▶ **Meatloaf** – Hackbraten wie im Mittelwesten: mit Kartoffelbrei und viel Sauce

▶ **Pecan Sticky Roll** – Hefegebäck mit Pecannuss-Splittern und klebrigem Zuckerguss – für die süße Pause zwischendurch

▶ **Popcorn** – aber nur vom Garrett Popcorn Shop. Das „Caramel Corn" schmeckt am besten – und am süßesten

▶ **Steaks** – seit den Tagen der Pionierzeit die Klassiker im ganzen Land und natürlich auch in der Windy City

▶ **Sushi** – kein Meer in der Nähe und doch in den meisten Resaturants erste Qualität

▶ **Tootsie Rolls** – Die herrlich klebrigen Schokoladenbonbons werden in Chicago hergestellt

▶ **Wrigley's Chewing Gum** – Der erfolgreichste Kaugummi der Welt kommt aus Chicago, und es gibt ihn u. a. auch mit Wassermelonen- oder Zimtgeschmack

FAST FOOD

AMERICA'S DOG (129 D5) (*ſ⊙ E9*)
Das Lokal ist für seine tollen „City Dogs" bekannt: zum „Chicago Dog" z. B. gehören Senf, Relish, Zwiebel, Paprika, Tomate und Gewürzgurke. *So geschl. | 21 E. Adams St. | Tel. 312 3 45 01 00 | www.americasdog.com | U-Bahn/El Brown/Green/Orange/Purple Line bis Adams*

INSIDER TIPP ▶ DMK BURGER BAR
(135 E3) (*m l3*)

Auch bei den Burgern setzt man auf Grün: „Mit Liebe und aus dem Fleisch von frei lebenden Rindern gemacht" steht auf der Speisekarte. Besonders der „Big DMK" gehört zu den Besten, was Chicago an Burgern zu bieten hat. *Tgl. | 2954 N. Sheffield Ave. | Tel. 773 3 60 86 86 | www. dmkburgerbar.com | U-Bahn/El Brown Line bis Wellington*

INSIDER TIPP ▶ SOUPBOX (135 E3) (*m l3*)

Täglich zwölf frische Suppen serviert dieser preisgekrönte Suppenimbiss. Alle Suppen werden frisch zubereitet, die Zutaten kommen vom Markt und nicht etwa aus der Tüte. *Tgl. | 2943 Broadway | Tel. 773 9 35 98 00 | soupbox.com | Bus 151 bis Sheridan/Oak-dale*

SUPERDAWG DRIVE-IN ★
(135 D2) (*m k2*)

Fünfziger-Jahre-Feeling nördlich von Chicago: Seit 1948 befindet sich das stimmungsvolle Drive-In im Familienbesitz. Damals scherte man sich nicht um zu viel Fett und Kalorien – und heute auch nicht. Aber schmecken tun die riesigen Hotdogs und Burger. *Tgl. | 6363 N. Milwaukee Ave. | Tel. 773 7 63 06 60 | www. superdawg.com | Vorortzug (Metra) bis Edgebrook*

THEMENRESTAURANTS

CROSSROADS AT HOUSE OF BLUES
(128 C3) (*m E8*)

Mit Blick auf die Porträts bekannter Blueslegenden gibt es die deftige, würzige Südstaatenküche aus dem Mississippi-Delta. Zum Essen spielen aufstrebende Bluesmusiker, vielleicht die zukünftigen Stars. *Tgl. | 329 N. Dearborn St. | Tel. 312 9 23 20 00 | www.houseofblues.com | Bus 22, 36, 62 bis Dearborn/Kinzie | €€*

RAINFOREST CAFE (128 C3) (*m E7*)

Unsichtbare Affen brüllen in einem künstlichen Regenwald, es rauscht ein künstlicher Wasserfall. Die Sandwiches, Steaks, Burger und Salate werden da schnell zur Nebensache. *Tgl. | 605 N. Clark St. | Tel. 312 7 87 15 01 | www.rainforestcafe.com | Bus 22 bis Clark/Ohio | €*

Fantasievolle Fassade: Rainforest Cafe

ROCK 'N' ROLL MCDONALD'S (50TH ANNIVERSARY RESTAURANT) ●
(128 C2–3) (*m E7*)

Eins der größten, aber auch teuersten McDonald's-Restaurants der Welt, gebaut zum fünfzigsten Geburtstag des Burgerriesen. Futuristisches Design, Rockclips auf Flatscreens, Rock-and-Roll-Memorabilia in einem nostalgischen Museum – dazu die überall bekannten Hamburger. *Tgl. | 600 N. Clark St. | Tel. 312 8 67 04 55 | Bus 22 bis Clark/Ontario | €*

EINKAUFEN

CITY WOHIN ZUERST?

Zu den bekanntesten Einkaufsstraßen der Welt gehört die „Magnificent Mile" genannte **North Michigan Avenue (129 D1–4) (🕮 F6–8)** mit den Läden bekannter Designer und zahlreichen Special Stores. Für Normalverdiener ist sie eher nur zum Bummeln geeignet. Etwas antiquiert, aber immer noch mit riesiger Auswahl überzeugt das ehemalige Marshall Field's und jetzige **Macy's (129 D4) (🕮 E8)** in der State Street. Im **River-North-Viertel** nördlich des Flusses und in **Old Town** warten zahlreiche kleinere Geschäfte.

Bereits während der Pionierzeit wurde in Chicago Handel getrieben. Rinder und Schweine aus dem Westen wurden in die Schlachthöfe gebracht, ihr Fleisch wurde, auch als Konserven, an die Händler der Ostküste verkauft.

Die Gründer der großen Versandhäuser wie Sears und Montgomery kamen aus der Windy City. Der mehrstöckige Merchandise Mart, schon vor vielen Jahrzehnten eine Institution, existiert noch heute, und Marshall Field's, jahrzehntelang eine Institution im Mittelwesten, wurde vor einigen Jahren von Macy's aus New York übernommen.

Chicago ist mit der Zeit gegangen, geht alle Trends mit, die in New York City oder Los Angeles geboren werden, und verschafft erfolgreichen Ketten wie Bar-

Shopping hat Tradition in Chicago, und in attraktiven Einkaufsgebieten wie der Magnificent Mile wird es zum Vergnügen

nes & Noble, Abercrombie und Toys R Us eine zweite und dritte Heimat. Die vornehmste Shoppinggegend ist die „Mag Mile", wie die Bürger ihre ● Magnificent Mile nennen, die North Michigan Avenue zwischen Oak Street und Chicago River. Sogar Tiffany und Saks Fifth Avenue sind hier zu Hause. Vergleiche mit dem Rodeo Drive in Beverly Hills und der Fifth Avenue in New York will man in Chicago nicht gelten lassen, die Mag Mile sei viel imposanter. Und ebenso teuer. Kleine Shops, Galerien und flippige Läden ha-

ben sich in Trendvierteln wie River North und Wicker Park angesiedelt. Hier werden sogar modebewusste Punks fündig. Souvenirs kaufen Sie am Navy Pier oder im Chicago Tribune Store. Wesentlich preiswerter sind die Waren im Loop und in der State Street, der unter den Hochbahngleisen entlanglaufenden Hauptgeschäftsstraße.

Wenn nicht anders angegeben, haben die Läden *Mo–Sa 10–21 Uhr* und *So 11–18 Uhr* geöffnet. Im Loop sind die Geschäfte sonntags generell geschlossen.

Beachten Sie beim Prüfen der Preise, dass noch eine Steuer von 9,25 Prozent hinzukommt! Billiger als in den meisten europäischen Ländern sind Markenjeans, Kosmetika und Designerkleidung.

Edel und angesagt sind die Läden in dieser Mall: 900 North Michigan Shops

ANTIQUITÄTEN

BROADWAY ANTIQUE MARKET
(135 E3) (*ø I3*)

Wie fast alle amerikanischen Antique Stores eine Mischung aus Antiquitäten- und Ramschladen. Auf zwei riesigen Stockwerken bieten über siebzig Händler interessante und manchmal auch skurrile „Antiques" aus der amerikanischen Vergangenheit an. Ein Bummel lohnt sich unbedingt. *Mo–Sa 11–19, So 11–18 Uhr | 6130 N. Broadway | www.bamchicago.com | U-Bahn/El Red Line, Bus 36 bis Granville*

BACKWAREN & POPCORN

CORNER BAKERY (128 C3) (*ø E8*)

Fantasievolles Naschwerk und schmackhafte Sandwiches in der Bäckerei an der Ecke. Für das Brot läuft man in Chicago meilenweit. Inzwischen gibt es glücklicherweise mehrere Filialen. *Mo–Sa 6.30–20, So 6.30–19 Uhr | 360 N. Michigan Ave. | www.cornerbakerycafe.com | Bus 2, 3, 10, 26, 125, 143–148, 151, 157 bis Wacker*

GARRETT POPCORN SHOP
(129 D2) (*ø F7*)

Vergessen Sie das Popcorn, das in europäischen Kinos angeboten wird! Hier gibt es das echte amerikanische Superpopcorn in allen Größen und Geschmacksrichtungen. Eine Tüte mit Macadamia- oder Cashew-Popcorn eignet sich auch vorzüglich als Mitbringsel. *Mo–Do 10–20, Fr, Sa 10–22, So 10–19 Uhr | 625 N. Michigan Ave. | www.garrettpopcorn.com | Bus 2, 3, 10, 26, 125, 143–148, 151,157 bis Ontario*

INSIDER TIPP ▸ RED HEN BREAD
(135 E3) (*ø I3*)

Erstklassige Bäckerei mit dem besten Baguette der Stadt. Naschkatzen sei die supersüße „Pecan Sticky Roll" empfohlen. *Mo–Sa 7–18, So 8–17 Uhr | 1623 N. Milwaukee Ave. | www.redhenbread.com | U-Bahn/El Blue Line bis Damen*

TWISTED BAKER (127 D4) (*ø D4*)

Seit 2008 eine Institution in Old Town: mit feinsten und absolut frischen Zutaten zubereitete Backwaren; auch leckere Cupcakes und Key Lime Pies. *Di–Do, So 7–19, Fr, Sa 7–20 Uhr | 1534 N. Wells St. |*

www.thetwistedbaker.com | U-Bahn/El Purple Line bis Sedgewick

BÜCHER

INSIDER TIPP ▶ ABRAHAM LINCOLN BOOKSHOP (128 B2) (*D6*)
Das gibt es nur im Land von Abraham Lincoln: eine Buchhandlung, die ausschließlich Bücher über den legendären Präsidenten und die Bürgerkriegszeit führt. Auch sonst längst vergessene Doktorarbeiten und Briefe zum Thema sind hier zu bekommen. *Di, Mi, Fr 9–17, Do 9–19, Sa 10–16 Uhr | 357 W. Chicago Ave. | www.alincolnbookshop.com | U-Bahn/El Red Line bis Chicago*

BARNES & NOBLE ★ (129 D5) (*E9*)
Vorbildliches Buchkaufhaus mit einem Paradeshop im Loop. Hier gibt es aktuelle Bücher aus allen Bereichen zu sehr günstigen Preisen. Dazu ein fast komplettes Warenhausangebot. In einem *Starbuck's Cafe* können Sie zudem nach Herzenslust schmökern. *Mo–Fr 7–22, Sa 8–20, So 11–18 Uhr | 1 E. Jackson Blvd. | www.bn.com | U-Bahn/El Red Line bis Jackson*

EINKAUFSZENTREN

GURNEE MILLS MALL (136 C4) (*c4*)
Über 200 Factory Outlets mit Markenware zu Dumpingpreisen. Besonders preiswert sind Kleidungsstücke mit winzigen Web- und Nahtfehlern. *Mo–Fr 10–21, Sa 10–21.30, So 11–19 Uhr | 6170 W. Grand Ave. | Gurnee | www.simon.com/mall/gurnee-mills | Vorortzug bis Gurnee (ca. 1 Std.)*

900 NORTH MICHIGAN SHOPS ★
(129 D1) (*F6*)
Die beste Adresse der noblen Straße mit Bloomingdale's und mehr als 70 angesagten Läden und Designershops von Adidas bis Teuscher (Schweizer Schokoladen). Wie in jeder Mall gibt es auch Kinos und Restaurants. *Mo–Sa 10–19, So 12–18 Uhr | 900 N. Michigan Ave. | www.shop900.com | Bus 3, 145, 147, 151 bis Chicago*

EINRICHTUNG

CRATE & BARREL (129 D2) (*F7*)
Modernes Einrichtungsgeschäft mit einer besonders großen Auswahl an geschmackvollem Geschirr und ausgefallenen Küchengeräten. Dazu Lebensmittel wie Gewürze, Öle, Saucen etc. *Mo–Fr 10–20, Sa 10–19, So 10–18 Uhr | 646 N. Michigan Ave. | www.crateandbarrel.com | Bus 2, 3, 10, 26, 125, 143–148, 151, 157 bis Ontario*

★ **Barnes & Noble**
Bücher, Bücher, Bücher – und alle Zeitschriften → S. 65

★ **900 North Michigan Shops**
Edle Shops, und alle unter einem Dach → S. 65

★ **Marc by Marc Jacobs**
Angesagte Damenmode und diverse Accessoires → S. 67

★ **Flight 001**
Coole Accessoires für die Reise – wie in den Sixties → S. 68

★ **Accent Chicago**
Die echten Stadtsouvenirs gibt's nur in diesem Shop → S. 68

★ **The Fudge Pot**
Schokolade und Pralinen vom Feinsten → S. 69

MARCO POLO HIGHLIGHTS

Die Säulen machen deutlich, dass es sich beim Macy's um einen Einkaufstempel handelt

GEWÜRZE

INSIDER TIPP THE SPICE HOUSE
(127 D5) (*m* D4)

Von „Adobo Seasoning" bis „Za'atar" – hier bekommt man alle nur erdenklichen Gewürze aus aller Welt. Die Gewürze werden von Hand gemischt und zeichnen sich durch einen besonders intensiven Geschmack aus. *Mo–Sa 10–19, So 10–17 Uhr | 1512 N. Wells St. | www.thespicehouse.com | Bus 72 bis North Ave./Wells*

KAUFHÄUSER

MACY'S ● (129 D4) (*m* E8)

Das einstige Marshall Field's des legendären Kaufhauskönigs gehört nun zu Macy's. Das Angebot hat sich kaum verändert. Sogar Antiquitäten und antiquarische Bücher werden hier verkauft. In der Süßwarenabteilung sind besonders die selbst hergestellten

INSIDER TIPP „Frango Mints"
– bunte Pfefferminzbonbons – gefragt. *Mo–Sa 10–21, So 11–20 Uhr | 111 N. State St. | www.visitmacyschicago.com | U-Bahn/El Red Line bis Lake*

INSIDER TIPP MARIANO'S FRESH MARKET ● (129 E4) (*m* F8)

Weitläufiger Gourmettempel mit diversen Frischestationen. Eigene Bäckerei und Konditorei. Das Grillen von gekauftem Fisch oder Fleisch gehört zum Service. Diverse Produkte für Allergiker. *Tgl. 6–22 Uhr | 333 E. Benton Pl. | Tel. 312 2 28 13 49 | www.marianos.com | Vorortzug (Metra) ME, SS bis Randolph St.*

KLEIDUNG

ABERCROMBIE & FITCH
(129 D1) (*m* F6)

Für jugendliche Kunden konzipierte Klamotten mit künstlich verwaschenem Look. Jede Menge ausgefallener Accessoires. Lange Zeit ein Trendladen, in letzter Zeit etwas rückläufig. *Mo–Sa 10–21, So 11–18 Uhr | 835 N. Michigan Ave. | www.abercrombie.com | Bus 2, 3, 10, 26, 125, 143–148, 151, 157 bis Chestnut*

LEVI'S STORE (129 D2) (*Ⅲ F7*)

Ungeachtet aller Modetrends bleiben Levi's-Jeans ein Renner. Hier gibt es die legendären Nietenhosen und die dazugehörigen Accessoires in allen Formen und Farben. *Mo–Sa 10–20, So 11–18 Uhr | 600 N. Michigan Ave. | www.levi.com | Bus 2, 3, 10, 26, 125, 143–148, 151, 157 bis Ontario*

MARC BY MARC JACOBS ★
(135 E3) (*Ⅲ I3*)

Angesagte Damenmode von Louis Vuittons langjährigem Kreativdirektor. Einiges für Herren gibt es auch. Dazu Accessoires wie Sonnenbrillen, Taschen und auch coole Hüllen für Mobiltelefone, Tablets und Laptops. *Mo–Sa 11–19, So 12–18 Uhr | 1714 N. Damen Ave. | www.marcjacobs.com | U-Bahn/El Blue Line bis Damen/O´Hare*

NIKE TOWN CHICAGO (129 D2) (*Ⅲ F7*)

Die Erfolgskette der bekannten Sportschuhfirma hat auch in Chicago eine Zweigstelle. Alle (!) Schuhmodelle und Accessoires von Nike auf mehreren Stockwerken und ein halber Basketballplatz zum Anprobieren. *Mo–Sa 10–21, So 10–19 Uhr | 669 N. Michigan Ave. | www.nike.com | Bus 3, 145, 147, 151 bis Chicago*

SPORTS AUTHORITY (128 C2) (*Ⅲ E7*)

Acht Stockwerke mit Sportartikeln aller Firmen, noch größer als Nike Town. Im Parterre und im 5. Stock sind die Bulls, die Cubs und die Sox mit ihrem Merchandising vertreten. *Mo–Sa 9–21.30, So 9–20 Uhr | 620 N. La Salle St. | Bus 74, 319 bis Fullerton/Narragausett*

KUNST

CARL HAMMER GALLERY
(129 C2) (*Ⅲ D6*)

Wer Naive Kunst, Extravagantes oder einfach die Stars von morgen ansehen oder gar kaufen will, ist bei Carl Hammers Galerie in River North besten aufgehoben. Dazu gibt es regelmäßige Vernissagen. *Di–Fr 11–18, Sa 11–17 Uhr | 740 N. Wells St. | Tel. 312 2 66 85 12 | carlhammergallery.com | U-Bahn/El Brown Line, Purple Line bis Chicago*

MOTORRADZUBEHÖR

HARLEY DAVIDSON (129 D2) (*Ⅲ E7*)

Für Hardcore-Fans der kultigen Motorradmarke: Lederwaren, Klamotten, Baseballcaps, Werkzeuge, Kaffeebecher und allerlei Schnickschnack. *Mo–Fr 10–20, Sa 9–18, So 10–17 Uhr | 66 E. Ohio St. | www.chicagoharley.com | U-Bahn/El Red Line bis Grand*

MUSIK

JAZZ RECORD MART (127 D3) (*Ⅲ E7*)

Auch in Zeiten von Download und File Sharing bietet der riesige CD- und LP-Markt mit Zehntausenden vor allem von **INSIDER TIPP▸ Jazz- und Bluesraritäten auch kleiner Labels** ein einmaliges Angebot für Musikliebhaber. Dazu gibt es Kassetten, DVDs, Bücher, Magazine und Drucke sowie T-Shirts mit Motiven von Jazzgrößen. *Mo–Sa 10–20, So 12–17 Uhr | 27 E. Illinois St. | www.jazzmart.com | U-Bahn/El Red Line bis Grand*

RECKLESS RECORDS (135 E3) (*Ⅲ I3*)

Secondhand-Platten, -CDs, -DVDs und -Videos in großer Auswahl, teilweise sehr ausgefallen und selten. Nur das Personal könnte etwas beschlagener sein. Dennoch: Hier findet man so manches Sammlerstück. *Mo–Sa 10–22, So 10–20 Uhr | 1532 Milwaukee Ave. | www.reckless.com | U-Bahn/El Blue Line bis Damen*

REISE

FLIGHT 001 ⭐ (127 E6) (🕮 E5)

Die Einrichtung erinnert an Pan-Am-Zeiten aus den 1950er- und 1960er-Jahren – damals wurde auch die Idee zu diesem Laden geboren. Alles, was man für die

LOW BUDG€T

▶ Nicht so hip und up to date wie die regulären GAP-Läden, dafür aber teilweise über die Hälfte billiger: der *GAP Outlet Store* im Norden von Chicago. Alltagsmode, sehr günstige Jeans und T-Shirts, teilweise für den Outlet Store hergestellt. *Mo–Sa 10–20, So 11–18 Uhr | 2778 N. Milwaukee Ave.* **(135 E3)** *(🕮 I3) | U-Bahn/El Blue Line bis Jefferson Park*

▶ Mit der *Barnes & Noble Card* bekommen Sie zahlreiche Bücher in der gleichnamigen Buchhandlung *(siehe S. 65)* sehr viel preiswerter. Coupons für spezielle Rabatte gibt's per E-Mail.

▶ An einen orientalischen Bazar erinnert der *Maxwell Street Market* im Süden von Chicago, der älteste Flohmarkt der Stadt. Kleidung, Werkzeuge, Bücher und allerlei Krimskrams sind im Angebot. Straßenmusiker sorgen für den Soundtrack. *So 7–15 Uhr | 800 S. Desplaines St./Ecke W. Polk St.* **(130 A3)** *(🕮C10) | Bus 12 bis Roosevelt*

Reise brauchen kann: Koffer, Taschen, Behälter (auch kleine, in die man Flüssigkeiten füllen kann), Schlafmasken, Vitaminspray, originell und meist auch sehr praktisch. *Mo–Sa 11–19, So 11–18 Uhr | 1133 N. State St. | www.flight001.com | U-Bahn/El Red Line bis Clark/Division*

SCHMUCK

PISTACHIOS (129 D3) (🕮 E7)

Von jungen Künstlern aus verschiedenen Ländern hergestellter Schmuck, sehr originell und wesentlich preiswerter als im benachbarten Tiffany's. *Mo–Fr 10.30–19, Sa 10.30–18, So 12–17 Uhr | 55 E. Grand Ave. | www.pistachiosonline.com | U-Bahn/El Red Line bis Grand*

SOUVENIRS

ACCENT CHICAGO ⭐ (129 D2) (🕮 F6)

In diesem Laden dreht sich alles um Chicago: T-Shirts, Sweatshirts, Spielsachen, Postkarten, Becher, Fähnchen, Puppen, Handtücher, Baseballmützen und vieles mehr – alles mit dem Schriftzug der Windy City. *Mo–Sa 10–19, So 11–18 Uhr | 835 N. Michigan Ave. (im Water Tower Building) | www.lovefromchicago.love fromcompanies.com | Bus 3, 145, 147, 151 bis Chicago*

CHICAGO ARCHITECTURE FOUNDATION SHOP (129 D1) (🕮 F6)

Nach einer geführten Tour mit den *guides* der Chicago Architecture Foundation bietet sich der Besuch des *gift shop (gift = Mitbringsel)* an, denn dieser Laden verkauft weit mehr als den gewohnten Kitsch, den man in vielen anderen Andenkenläden bekommt. Besonders groß ist die Auswahl an Büchern über Architektur, außerdem gibt es Souvenirs mit architektonischen Motiven aus Chicago. *Sa–Do 9–18.30, Fr 9–17 Uhr | 224 S. Mi-*

chigan Ave. | www.architecture.org | Bus 3, 4, 145, 147, 151 bis Jackson

PIER 1 IMPORTS (127 D5) (*M D5*)

Der riesige Shop der bekannten amerikanischen Firma lockt mit kitschigen, aber auch originellen Geschenken, buntem Schnickschnack wie Duftkerzen und Geschenkkarten sowie Dekorationsartikeln. *Mo–Sa 10–21, So 11–19 Uhr | 1350 N. Wells St. | www.pier1.com | Bus 156 bis LaSalle/Schiller*

URBAN GENERAL STORE (135 E3) (*M I3*)

1000 Geschenkideen für Alt und Jung, von kreativ bis schlicht. Humorige und doppelsinnige Souvenirs, dazu Dinge, die man immer schon haben wollte, und andere, die man niemals benutzen wird. *Mo–Sa 10–19, So 10–18 Uhr | 4723 N. Lincoln Ave. | www.urbangeneralstore. com | U-Bahn/El Brown Line bis Western*

SPIELZEUG

TIMELESS TOYS (135 E3) (*M I3*)

Unabhängiger Spielzeugladen mit großer Auswahl – von Drachen über Stofftiere bis zum Puzzle. Von großen Ketten wie Toys R Us hebt sich der Laden durch sein fachkundiges Personal wohltuend ab. *Mo–Mi, Sa 10–18, Do, Fr 10–19, So 10–17 Uhr | 4749 N. Lincoln Ave. | www. timelesstoyschicago.com | U-Bahn/El Brown Line bis Western*

SÜSSIGKEITEN

THE FUDGE POT ★ (127 D4) (*M D4*)

1963 von Jim Dattalo gegründet und immer noch in Familienbesitz: Schokolade, Toffees und Pralinen in allen Variationen, bei deren Herstellung man zuschauen kann. Besonders empfehlenswert: die riesigen Schoko-Erdbeeren. *Tgl. 12–22*

Uhr | 1532 N. Wells St. | www.fudgepot-chicago.net | Bus 72 bis North Ave./Wells

GHIRARDELLI CHOCOLATE SHOP (129 D1) (*M F6*)

Die legendäre Schokolade aus San Francisco (gegründet 1852) hat es bis nach Chicago geschafft. Allein wegen der leckeren, kalorienreichen Schoko-Shakes und Sundaes lohnt ein Besuch. *Mo–Do 10–22.30, Fr, Sa 10–23.30, So 10–22 Uhr | 830 N. Michigan Ave. | www.ghirardelli. com | Bus 3, 145, 147, 151 bis Chicago*

Längst mehr als nur eine Buchhandlung: das alteingesessene Barnes & Noble

AM ABEND

CITY **WOHIN ZUERST?**

Als angesagtes Viertel für Nachtschwärmer gilt nach wie vor **Rush/Division (127 E6)** (🚇 *E5–6*) rund um die Kreuzung der gleichnamigen Straßen. Zahlreiche Restaurants, Kneipen und Musiklokale haben ihm seinen Ruf als Szeneviertel eingetragen. Jugendliche Musikfreaks zieht es eher nach **Bucktown** und **Wicker Park** mit seinen düsteren Clubs, dunklen Kneipen und Tattoo Shops. **Old Town** und **River North** überzeugen mit einem breit gefächerten Angebot, die meisten großen Clubs sind aber weit verstreut.

Chicago ist eine Weltstadt. Das wird auch abends deutlich, wenn die Sonne untergeht und die Wolkenkratzer im bonbonfarbenen Licht der Scheinwerfer erstrahlen. Hinter den beleuchteten Fassaden und in den lauten Gassen von Old Town, North Side und Wicker Park richten sich die Spotlights auf Schauspieler, Sänger, Tänzer und andere Künstler, und die lebendige Szene der Windy City erwacht.

Selbst wenn das bekannteste Kabarett der Stadt „The Second City" heißt – auch nachts kann Chicago mit New York mithalten, und manche Ensembles und Truppen lassen den „Big Apple" (wie New York genannt wird) ziemlich alt aussehen. Nachtlokale und Szenetreffs gibt es in den angesagten Vierteln wie

Bild: Millennium Park, Jay Pritzker Pavilion

Blues – und noch viel mehr: Chicago ist eine Hochburg für kulturelle Veranstaltungen ersten Ranges und ausgefallene Szenetreffs

Rush/Division, Wicker Park und River North, aber auch im Loop. Sicher, die Stadt an der Ostküste hat die besseren Diskos. Aber wer nach Chicago kommt, will andere Musik hören: Blues, vor allem authentischen, und Rock, vor allem alternativen.

Kulturell macht Chicago den anderen Metropolen der USA vor allem mit alternativen Theatergruppen wie Steppenwolf sowie mit dem Sinfonieorchester und der ausgezeichneten Oper heftige Konkurrenz – und mit den Open-Air-Konzerten, die im Sommer in den Parks stattfinden.

Der Eintritt in Musikkneipen kostet ab 12 Dollar, ins Theater und in Musicals ab 30 Dollar.

BARS & NACHTLOKALE

BIG BAR AND BRASSERIE ✹
(129 D4) (*ᗞ F8*)
Riesige Bar in der Atriumlobby des (beinahe) futuristisch gestylten Hyatt Regency mit einer großen Auswahl an

In Chicago Kult: der Comedian Robert Buscemi in Zanies Comedy Night Club

INSIDER TIPP erlesenen Weinen und seltenen Whisk(e)ysorten, auch aus Schottland, bei deren Genuss man eine super Aussicht auf die nächtliche Stadt hat. *Tgl. 17–1 Uhr | 151 E. Wacker Dr. | Tel. 312 5 65 12 34 | U-Bahn/El Brown Line, Orange Line, Green Line bis Randolph*

CASTLE CHICAGO (128 C2) (*ɯ E7*)

Der Name sagt alles: In dem Club mit der burgähnlichen Fassade wird auf Größe gesetzt. Die Chicago Tribune wählte diese Ansammlung von Diskos und Game Rooms zum besten Club der Stadt, einigen Einheimischen ist er zu kosmopolitisch und touristisch. Für Abwechslung ist mit täglich wechselnden Events auf jeden Fall gesorgt. *Do, Fr 19–4, Sa 19–5 Uhr | 632 N. Dearborn St. | Tel. 312 2 66 19 44 | www.castlechicago.com | Bus 22 bis Ontario St.*

NICK'S BEER GARDEN (135 E3) (*ɯ I3*)

Vom Punk bis zum Spießer ist jeder in dieser bunten, mit Palmen dekoriertten Bar willkommen. Poolbillard und andere Spiele, gutes Bier, auch Guinness. Am Wochenende treten Livebands (Blues, R & B, Latin-Jazz) auf. *Mo–Fr 16–4, Sa 16–5 Uhr | 1516 N. Milwaukee Ave. | Tel. 773 2 52 11 55 | www.nicksbeergarden.com | U-Bahn/El Blue Line bis Damen*

POAG MAHONE'S ★ (131 B2) (*ɯ F9*)

Zu den beliebtesten After-Work-Bars gehört diese Mischung aus irischem Pub und eleganter Office Suite. Einige „Executives" (leitende Angestellte) kommen nur wegen des guten Single-Malt-Whiskys, andere wegen der exzellenten Hamburger. Wer sich mal unter die Office Crowd mischen möchte … *Mo–Mi 11–21, Do, Fr 11–22 Uhr | 333 S. Wells St. | Tel. 312 5 66 91 00 | www.poagmahones.com | U-Bahn/El Brown, Orange, Pink, Purple Line bis Quincy/Wells*

COMEDY

COMEDYSPORTZ (135 E3) (*ɯ I3*)

Jeweils fünf Comedians wetteifern um den größten Applaus und geizen nicht mit schlüpfrigen Anspielungen und derben, unter die Gürtellinie gehenden Scherzen. Gute Englischkenntnisse sind erforderlich! *Shows Do 20, Fr 20 und 22, Sa 18, 20 und 22 Uhr | 929 W. Belmont Ave. | Tel. 773 5 49 80 80 | www.comedysportzchicago.com | U-Bahn/El Brown Line bis Belmon*

THE SECOND CITY ⭐ (127 D4) (*ⓜ D4*)

Seit 1959 die erste Adresse für politisches Kabarett und Satire, der Name bezieht sich auf den angeblich zweiten Platz Chicagos hinter New York. Bissiger Humor, erstklassige Darsteller. Zahlreiche ehemalige Ensemblemitglieder (z. B. Alan Arkin, John Malkovich, Bill Murray, John Belushi und Dan Aykroyd) haben Karriere als Filmstars gemacht. *1616 N. Wells St. | Tel. 312 3 37 39 92 | www.secondcity.com | Bus 72 bis N. Wells St.*

ZANIES COMEDY NIGHT CLUB
(127 D4) (*ⓜ D4*)

Einer der bekanntesten und besten Comedy Clubs der USA. Zu den Show-Acts gehören durch das Fernsehen bekannte Stand-up-Comedians und andere Stars. Oft großer Andrang, die Karten unbedingt im Voraus bestellen. *1548 N. Wells St. | Tel. 312 3 37 40 27 | www.chicago.zanies.com | U-Bahn/El Brown Line bis Sedgwick*

DISKOS & CLUBS

ARAGON BALLROOM (135 E3) (*ⓜ I3*)

Bis zu 4500 Gäste passen in diesen schon 1926 eröffneten spanischen Tanzpalast mit seinem herrlichen Innenhof. Der Sound ist etwas grob, passt aber zu den ausgelassenen Latin Dance Partys. Gelegentlich auch Live-Auftritte bekannter Rockgruppen. *1106 W. Lawrence | Tel. 773 5 61 95 00 | www.aragon.com | U-Bahn/El Red Line bis Howard*

BERLIN (135 E3) (*ⓜ I3*)

Kleiner, vor Tanzfreude und kreativer Energie sprühender Nachtklub, in dem sich Kunststudenten, Hipster, Transen und Elektrofans (ab 21 Jahren) tummeln. *Di 22–4, Mi–Fr 17–4, Sa 17–5 Uhr, So wechselnde Zeiten | 954 W. Belmont St. | Tel. 773 3 48 49 75 | www.berlinchicago.com | U-Bahn/El Brown Line bis Belmont*

BOTTOM LOUNGE (135 E4) (*ⓜ A8*)

Umgebautes Lagerhaus mit dunkler Tanzfläche und Metal, Hip-Hop, Rock und Indie-Live-Gruppen. Das Bier kommt vom Fass und schmeckt hervorragend. Die abgedrehte Atmosphäre ist eher etwas für jüngere Jahrgänge. *1375 W. Lake St. | Tel. 312 6 66 67 75 | www.bottomlounge.com | U-Bahn/El Pink Line bis 54th/Cermak*

NEO NIGHTCLUB (126 C1) (📖 D2)
Der 1979 eröffnete New Wave Club begeistert noch immer. Zum dunklen Licht hämmern Gothic, Elektro und düstere Industrial Music über der Tanzfläche. *So, Mo, Mi–Fr 22–4, Sa 22–5 Uhr | 2350 N. Clark St. | Tel. 773 5 28 26 22 | www. neodanceclub.com | Bus 22 bis Belden St.*

KINOS

AMC RIVER EAST 21 (129 E3) (📖 F7)
Einer der größten Kinokomplexe von Chicago mit einem super Sound: Hier werden die großen Hollywoodfilme in ausgezeichneter Qualität gezeigt, auch das Chicago International Film Festival flimmert hier über die Leinwand. *322 E. Illinois St. | Tel. 312 5 96 03 33 | Bus 2, 29 bis Illinois & Columbus*

MUSIC BOX THEATRE (135 E3) (📖 I3)
Ein Schmuckstück aus den Golden Twenties, allein der Anblick des historischen Kinos mit seinem verspielten Stuck und den farbenprächtigen Bildern lohnt den Besuch. Gezeigt werden vorwiegend ausländische und alternative Filme. *3733 N. Southport Ave. | Tel. 773 8 71 66 04 | www. musicboxtheatre.com | U-Bahn/El Red Line bis Addison*

KLASSISCHE MUSIK

CHICAGO SYMPHONY ORCHESTRA (129 D5) (📖 E9)
Seit 1891 eine Institution, unter Georg Solti zu Weltruhm gelangt, mit über 900 (!) Alben und über 60 Grammy Awards ganz oben in den Classic Charts. Im Sommer musiziert das Orchester unter seinem derzeitigen Chefdirigenten Riccardo Muti beim Ravinia Festival im Highland Park. Regelmäßige Auftritte von Weltstars wie Anne-Sophie Mutter oder Jazzlegenden wie Wynton Marsalis sind selbstverständlich. *Eintritt ab ca. 30 Dollar | Symphony Center | 220 S. Michigan Ave. | Tel. 312 2 94 30 00 | www. cso.org | Bus 3, 4, 14, 60, 145, 147, 151, U-Bahn/El Orange Line, Brown Line, Green Line bis Adams*

MUSIKCLUBS

BLUE CHICAGO (128 C2) (📖 E7)
Einer der besten Bluesclubs der Stadt, eingerichtet im Stil der 1940er-Jahre. Vor allem die Queens des Blues treten hier auf. *So–Fr 20–2, Sa 20–3 Uhr | 536 N. Clark St. | Tel. 312 6 61 01 00 | www. bluechicago.com | Bus 22, 65 bis Grand/ Clark*

B.L.U.E.S. ⭐ (126 B1) (📖 C1)
Sogar die „New York Times" bezeichnete diesen Club als „sichere Bank". Man sitzt zwar gedrängt, aber auch dicht vor der kleinen Bühne und ist hautnah dabei. *Tgl. ab 20 Uhr | 2519 N. Halsted St. | Tel. 773 5 28 10 12 | www.chicagobluesbar.com |*

LOW BUDGET

▶ Für 7,50 Dollar ins Kino: Das *Logan Theatre* zeigt aktuelle und ältere Filme. *2646 N. Milwaukee Ave.* **(135 E3)** *(📖 I3) | Tel. 773 2 52 06 27 | www.thelogantheatre.com | U-Bahn/ El Blue Lane bis Logan Square*

▶ Im *Merle Reskin Theatre* führen die Schauspielschüler der DePaul University Klassiker wie „Peter Pan" und „The Secret Garden" auf. Eintritt unter 10 Dollar. *Fr 10 u. 19.30, Sa 14 u. 19.30, So 14 Uhr | 60 E. Balbo Ave.* **(131 D3)** *(📖 E10) | Tel. 312 9 22 19 99 | Bus 146 bis Balbo/State*

Diese Stadt hat den Blues – Clubs wie das Blue Chicago beweisen es jeden Tag aufs Neue

U-Bahn/El Brown Line, Purple Line, Red Line bis Fullerton

BUDDY GUY'S LEGENDS
(131 D3) (*ᗠ E10*)

Jazzmusiker Buddy Guy, in Chicago zur lebenden Legende gealtert, ist die größte Attraktion seines eigenen, etwas in die Jahre gekommenen Clubs. Ihm selbst und seiner Musik merkt man das Alter kaum an. Auch Eric Clapton und Keith Richards sind hier schon aufgetreten. *Mo, Di 17–2, Mi–Fr 11–2, Sa 12–3, So 12–2 Uhr | 700 S. Wabash Ave. | Tel. 312 4 27 03 33 | www.buddyguy.com | U-Bahn/El Red Line bis Harrison*

INSIDER TIPP ▶ DOUBLE DOOR
(135 E3) (*ᗠ I3*)

In diesem Rockclub haben schon die Stones gespielt, aber auch Soul-, Funk-, Hip-Hop- und Reggaebands sind willkommen. *Di–Fr 20–2, Sa 20–3 Uhr | 1572 N. Milwaukee Ave. | Tel. 773 4 89 31 60 | www.doubledoor.com | U-Bahn/El Blue Line bis Damen*

INSIDER TIPP ▶ GREEN MILL
(135 E3) (*ᗠ I3*)

Al Capone war hier einst Stammgast. Heute mit das beste Jazzlokal der Stadt. Sonntags Poetry Slam. *Mo–Fr 12–4, Sa 12–5, So 11–4 Uhr | 4802 Broadway | Tel. 773 8 78 55 52 | www.greenmilljazz.com | U-Bahn/El Red Line bis Lawrence*

KINGSTON MINES ★ (126 B1) (*ᗠ C1*)

Seit über 30 Jahren einer der bekannten Blues Hangouts, zuletzt 2012 zum besten Bluesclub der Stadt gewählt, sogar die Musiker kommen zum Zuhören hierher. Auf zwei Bühnen wird abwechselnd Musik gemacht. *Mo–Do 20–4, Fr 19–4, Sa 19–5, So 18–4 Uhr | 2548 N. Halsted St. | Tel. 773 4 77 46 46 | www.kingstonmines.com | U-Bahn/El Brown Line, Red Line bis Fullerton*

INSIDER TIPP ▶ METRO (135 E3) (*ᗠ I3*)

Einer der besten Rockclubs der Stadt. Einmal pro Woche dürfen Newcomer spielen. *Öffnungszeiten je nach Show | 3730 N. Clark St. | Tel. 773 5 49 41 40 |*

THEATER, MUSICAL & TANZ

www.metrochicago.com | U-Bahn/El Red Line bis Addison

▶ **ROSA'S LOUNGE** (133 E3) (ɯ l3)

Mama Rosa und ihr Sohn Tony Mangiullo bieten authentischen Chicago Blues und Jazz. Wegen der Lage im äußersten Nordwesten der Stadt gilt dieser Club immer noch als Geheimtipp. *Shows 21, 21.30 oder 22 Uhr | 3420 W. Armitage Ave. | Tel. 773 3 42 04 52 | www.rosaslounge.com | U-Bahn/El Blue Line bis Logan Square*

THEATER, MUSICAL & TANZ

FORD CENTER FOR THE PERFORMING ARTS (128 C4) (ɯ E8)

Das Oriental Theatre, eines der historischen Kinos im Loop (1925 errichtet), wurde aufwendig renoviert. Nostalgisches Ambiente für Broadway-Musicals. *24 W. Randolph St. | Tel. 312 9 77 17 00 | U-Bahn/El Green Line, Brown Line, Orange Line bis Randolph*

GOODMAN THEATRE (127 D4) (ɯ E8)

Erstklassiges Theater mit klassischen und neuen Stücken. Zu den großen Erfolgen gehörte Arthur Millers „Tod eines Handlungsreisenden" mit Brian Dehenny, das auch am Broadway ein Erfolg wurde. Bühne und Zuschauerraum sind in zwei historischen und umgebauten Kinos untergebracht. An Weihnachten gehört Charles Dickens' „A Christmas Carol" zu den regelmäßig aufgeführten Klassikern. *170 N. Dearborn St. | Tel. 312 4 43 38 00 | www.goodmantheatre.org | U-Bahn/El Red Line bis Washington/State*

FOOTBALL & BASKETBALL

Seit Michael Jordan die *Chicago Bulls* von einer Meisterschaft zur anderen führte, sind die Merchandising-Artikel des Basketballclubs sogar in Europa angesagt. Ihre Heimspiele tragen die Bulls in der *United Center Arena (1901 Madison St. (135 E4) (ɯ l4) | Bus 50 bis Damen/Madison)* aus. Gespielt wird von Oktober bis April, Spielplan und Ticket-Infos unter *www.nba.com/bulls.* Nur in den USA: *Tel. 1 80 04--NBA-TIX.*

Auch wenn die *Chicago Cubs* das Siegen längst verlernt haben: Baseball ist eine amerikanische Tradition und das ● *Wrigley Field (1060 W. Addison St. (135 E3) (ɯ l3) | Bus 14 bis Columbus/11th St.)* das Heiligtum aller Fans. Die Anzeigetafel wird noch mit der Hand bedient, Hightech ist ein Fremdwort, und obwohl es mit dem Komfort nicht weit her ist: Es gibt nichts Schöneres für einen Baseballfan, als im Sonnenschein zu sitzen, von einem Hotdog abzubeißen und die Cubbies anzufeuern. Gespielt wird von Februar bis September, genaue Spieltermine unter *www.cubs.mlb.com.*

Football ist Volkssport in den Staaten, und die *Chicago Bears* gehören zu den Top-Teams der Profiliga NFL. Ihre größten Erfolge feierten sie in den 1980er-Jahren, während der letzten Jahre erreichten sie nur einmal (2006) das Superbowl-Endspiel und verloren. Gespielt wird auf dem *Soldier Field (Lakeshore Dr. (131 E5) (ɯ F11–12) | U-Bahn /El Red Line bis Addison)*, die Saison dauert von August bis Januar. Spielplan und Ticket-Infos unter *www. chicagobears.com.*

Wenn gerade keine Band spielt, trifft man sich zum Reden und einer Partie Pool: Rosa's Lounge

HUBBARD STREET DANCE ⭐
(135 E4) (𝄞 B9)
Die Truppe begann 1977 in einem Studio in der Hubbard St. und entwickelte sich zu einer der besten des Lands. Fantasievolle Choreografien, besser kann Jazztanz nicht sein. *1147 W. Jackson Blvd. | Tel. 312 8 50 97 44 | www.hubbardstreetdance.com | U-Bahn/El Blue Line bis Racine*

THE JOFFREY BALLET OF CHICAGO
(129 D6) (𝄞 E10)
Modernes Ballett in höchster Vollendung. Das Ensemble, das aus New York nach Chicago kam, tritt im Auditorium Theatre auf. *E. Congress Parkway | Tel. 312 3 86 89 05 | www.joffrey.org | Bus 1, 7, 28, 126 bis Michigan & Van Buren/Congress*

REDMOON THEATRE (132 A1) (𝄞 C13)
Seit 1990 eines der experimentierfreudigsten Theater der Stadt, das auf Events in der ganzen Stadt vertreten ist und das durch visionäre Elemente in seinen Aufführungen bekannt wurde. Mit originellen Puppen, Masken und visuellen Effekten entstehen neue Versionen so bekannter Klassiker wie „Moby Dick" und „Frankenstein". *2120 S. Jefferson St. | Tel. 312 8 50 84 40 | www.redmoon.org*

STEPPENWOLF THEATRE COMPANY ⭐
(126 B4) (𝄞 C4)
Ausgezeichnetes Ensemble, zu dem Stars wie Joan Allen, John Malkovich, Gary Sinise und William Petersen gehören und das sowohl mit traditionellen Stücken als auch mit mutigen Performances auf sich aufmerksam macht. Für viele Kritiker zählt das 1974 gegründete Steppenwolf Theatre zu den besten Theatern der USA. *1650 N. Halsted St. | Tel. 312 3 35 16 50 | www.steppenwolf.org | Bus 72 bis N. Halsted, U-Bahn/El Red Line bis North/Clybourn*

VICTORY GARDENS THEATRE
(126 B1) (𝄞 C2)
In den 1970er-Jahren gegründetes Theater – sehr interessant, weil Stücke von Autoren aus Chicago von Schauspielern aus Chicago aufgeführt werden. *2433 N. Lincoln Ave. | Tel. 773 8 71 30 00 | www.victorygardens.org | U-Bahn/El Brown Line, Red Line bis Fullerton*

ÜBERNACHTEN

Chicago ist ein teures Pflaster. Das bekommen vor allem Hotelgäste zu spüren, die als Privatpersonen nach Chicago kommen. Den Geschäftsleuten macht das wenig aus. Sie steigen in den teuren Hoteltürmen an der North Michigan Avenue ab, klappen in den Zimmern ihre Laptops auf und kümmern sich wenig um die Preise. Der Service für Geschäftsreisende wird immer besser, fast jedes größere Hotel verfügt über Büroräume, WLAN ist mittlerweile selbstverständlich.

Die Urlauber wiederum interessiert das wenig, denn sie wünschen sich möglichst komfortable Zimmer und freundlichen Service für wenig Geld. Deshalb sollten Sie gerade bei den teuren Hotels nach preiswerten *specials* fragen. Das gehört in den USA zum guten Ton, es gibt kaum ein Hotel, das nicht einen preiswerten Wochenendtarif oder einen anderen Rabatt aus dem Computer zaubert. Voraussetzung für einen attraktiven Preis: Es darf keine *convention* stattfinden, denn während dieser Kongresse klettern die Preise in die Höhe, und man kann froh sein, noch ein winziges Zimmer zu einem horrenden Preis zu ergattern. Seit einigen Jahren neu im Angebot: die sogenannten Suites-Hotels mit kleinen Apartments (mehrere Räume und Küchenecke), die besonders für Familien geeignet sind, und Low-Budget-Hotels, die sehr saubere und zweckmäßig eingerichtete Zimmer zu einem vertretbaren Preis anbieten, das – allerdings karge – Frühstück inklusive.

Bild: Suite im Trump International Hotel

Von der Luxusherberge bis zum preiswerten Vorstadthotel – im Schatten der Hochhäuser findet jeder einen Schlafplatz

Einiges sollten Sie sich für die – möglichst frühzeitige – Reservierung merken: Die Preise verstehen sich immer für ein Doppelzimmer, aber ohne die Steuer und eventuelle Parkgebühren. Singles bekommen manchmal Rabatt. Die Zimmer sind mit einem King Bed (besonders breit), Queen Bed (französisch) oder zwei Betten sowie mit eigenem (Dusch-) Bad ausgestattet. Üblicherweise ist das Frühstück nicht im Preis enthalten. Am billigsten sind die Hotels in Chicago zwischen Januar und März – kein Wunder,

denn dann bläst ein eisiger Wind über die Michigan Avenue. Hotelreservierung über das Internet zum Beispiel bei *www.expedia.com*

HOTELS €€€

CHICAGO MARRIOTT (129 D3) (*⌂ E7*)
Mit fast 1200 Zimmern ist dieses Luxushotel geradezu umwerfend groß. Wer für riesige, opulente Hotelpaläste schwärmt, bekommt hier bis hin zum großen Pool alles geboten, was er sucht. *1192 Zi. | 540*

Über diese Treppen schreiten Stars und Staatsoberhäupter: die prachtvolle Lobby des Hilton-Hotels

N. Michigan Ave. | Tel. 312 8 36 01 00 | www.marriott.com | Bus 2, 3, 10, 26, 125, 143–148, 151, 157 bis Ontario

HILTON CHICAGO (131 D3) (*F10*)

Hier schliefen schon Queen Elizabeth und amerikanische Präsidenten. Das Hilton gehört zu den ehrwürdigen Luxushotels, die heute noch im Prunk des frühen 20. Jhs. erstrahlen und jeden Luxus bieten. 1544 Zi. | 720 S. Michigan Ave. | Tel. 312 9 22 44 00 | www.hilton.com | U-Bahn/El Red Line bis Harrison

HOTEL BURNHAM (130 C1) (*E8*)

Mitten im Loop gelegenes historisches Hotel, das mit seinen Terrazzoböden, Marmordecken und üppig ausgestatteten Zimmern an längst vergangene Zeiten erinnert. Beträchtliche Rabatte bei Online-Buchung. 122 Zi. | 1 W. Washington St. | Tel. 312 7 82 11 11 | www. burnhamhotel.com | U-Bahn/El Red Line bis Washington

THE PENINSULA CHICAGO (129 D2) (*E6*)

Luxuriös und berühmt für seinen vorzüglichen Service. Mit einer *command station* neben dem Bett lassen sich Beleuchtung, Vorhänge und Klimaanlage kontrollieren. Flachbildschirm-TV und DVD-Player gehören zur Ausstattung. 415 Zi. | 108 E. Superior St. | Tel. 312 3 37 28 88 | www.peninsula.com | U-Bahn/El Red Line bis Chicago

RENAISSANCE CHICAGO HOTEL ☆☆ (128 C4) (*E8*)

Tophotel am Nordrand des Loop, die Panoramafenster erlauben eine tolle Aussicht auf die City. Im Club Level sind die Zimmer doppelt so groß. Über dem Pool leuchtet der Himmel durch große Fenster. 553 Zi. |

1 W. Wacker Dr. | Tel. 312 3 72 72 00 |
renaissance-hotels.marriott.com | U-Bahn
/El Brown Line bis State/Lake, Red Line bis
Washington/State

SWISSOTEL CHICAGO ✵
(129 E4) (ᗰ F8)
Das Hotel mit der schönsten Aussicht
auf den Lake Michigan und den Grant
Park. Moderne, große Zimmer und ein
einmaliges Fitnesscenter auf dem Dach.
Gleich nebenan liegt ein 9-Loch-Golf-
platz. 632 Zi. | 323 E. Wacker Dr. | Tel. 312
5 65 05 65 | www.swissotelchicago.com |
U-Bahn/El Brown Line, Green Line, Orange Line bis Randolph

HOTELS €€

ALLEGRO ⭐ (128 C4) (ᗰ D8)
Fröhliche, manchmal auch grelle Farben
und ein fantasievolles und künstlerisches
Design machen dieses Hotel zu einem
einzigartigen Juwel. Die Zimmer sind
ein wenig klein, aber der Service stimmt,
und die Extras in den Zimmern sind
auch nicht zu verachten. 483 Zi. | 171 W.
Randolph St. | Tel. 312 2 36 01 23 | www.
allegrochicago.com | U-Bahn/El Blue Line,
Red Line bis Washington

EMBASSY SUITES (129 D2) (ᗰ E7)
Für unter 200 Dollar bekommen Sie
eine Zwei-Zimmer-Suite mit Küchenecke
inkl. Mikrowelle. Das Frühstück (im Preis
enthalten) wird im Atrium serviert. Ideal
für Familien, auch fünf Personen haben
in den Suiten Platz. 367 Suiten | 600
N. State St. | Tel. 312 9 43 38 00 | www.
embassysuiteschicago.com | U-Bahn/El
Red Line bis Grand

ESSEX INN ✵ ⏲ (131 D3) (ᗰ F10)
Gemütliches Hotel mit dem besten Preis-
Leistungs-Verhältnis der Stadt. Von zahl-
reichen Zimmern hat man eine herrliche

Aussicht auf den Grant Park und den Lake
Michigan. Auf dem Dach unterstreicht
ein „Rooftop Garden" den ökologischen
Anspruch (Wassersparmaßnahmen, Por-
zellan- statt Pappbecher, umweltfreund-
liche Putzmittel u. v. m.) des Hotels.
254 Zi. | 800 S. Michigan Ave. | Tel. 312
9 39 28 00 | www.essexinn.com | U-Bahn/
El Red Line bis Roosevelt

HAMPTON INN MAJESTIC
(130 C1) (ᗰ E9)
Kürzlich renoviertes historisches Hotel,
das mitten im Loop liegt. Die angesehe-
ne Hotelkette garantiert saubere Zimmer
zu erträglichen Preisen. Das warme Frühstück ist im Preis inbegriffen, für eilige
Gäste gibt es eine Frühstückstüte. 135 Zi. |
22 W. Monroe St. | Tel. 312 3 32 50 52 |
www.hamptonmajestic.com | U-Bahn/El
Blue Line bis Monroe

HOMEWOOD SUITES (129 D3) (ᗰ E7)
Sehr gemütliches, sehr zentral gelegenes
Hotel der Hilton-Gruppe mit kleinen Sui-
tes. Dank einer (wenn auch winzigen) Kü-

⭐ **Allegro**
Kühnes Design und exzellen-
ter Service → S. 81

⭐ **Whitehall Hotel**
Viktorianische Eleganz mit
modernem Komfort → S. 83

⭐ **The Drake**
Die elegante „Grande Dame
of Chicago" am Lake Michigan → S. 82

⭐ **Hyatt Regency Chicago**
Allein die Atriumlobby ist
schon einen Besuch wert
→ S. 82

MARCO POLO HIGHLIGHTS

che lassen sich kleinere Mahlzeiten auch „zu Hause" zubereiten. Pool auf dem Dach. Hohe Parkgebühren (42 Dollar), aber regelmäßig Rabattaktionen. *233 Zi. | 40 E. Grand Ave. | Tel. 312 6 44 22 22 | www. homewoodsuiteschicago.com | U-Bahn/El Red Line bis Grand*

HOTEL CHICAGO (129 D3) (*☐ E8*)

Stilistischer Mix aus gotischen, indischen, marokkanischen und New-Orleans-Einflüssen in einem Themenhotel – gleich nebenan liegt das House of Blues Restaurant. Ein iHome-Soundsystem und Marmorbäder in den Zimmern tun ihr Übriges. *365 Zi. | 333 N. Dearborn Ave. | Tel. 312 2 45 03 33 | thehotelchicago.com | U-Bahn/El Brown, Purple, Green, Orange Line bis Clark*

RIVER NORTH HOTEL (128 C2) (*☐ E7*)

Hinter einer betagten Fassade wartet ein aufwendig renoviertes und sehr gemütliches Hotel mit drei großen Vorteilen: Es liegt im River North District mit zahlreichen Restaurants, Kneipen und Shops; es verfügt über einen großen Indoorpool auf dem Dach; und in der hoteleigenen Parkgarage kann man kostenlos parken. *150 Zi. | 125 W. Ohio St. | Tel. 312*

LUXUSHOTELS

The Drake ⭐ (129 D1) (*☐ F6*)

Die „Grande Dame of Chicago" – ein altehrwürdiges Haus am Lake Michigan mit eleganten Zimmern und exzellentem Service. Im Palm Court wird Nachmittagstee wie in England serviert. Das Restaurant Coq d'Or erinnert an die Gangsterzeit in den 1920er-Jahren, das Cape Cod an die gleichnamige Küste in New England. *537 Zi. | ab 150 Euro | 140 E. Walton Pl. | Tel. 312 7 87 22 00 | www. thedrakehotel.com | Bus 145, 146, 147, 151 bis Oak St.*

Ritz-Carlton Chicago ☆ (129 D1) (*☐ F6*)

Allein die Lobby ist zwölf Stockwerke hoch. Das Ritz bietet jeden erdenklichen Service. Traditionell eingerichtete Zimmer mit allen Extras, elegante Bäder. Einen beinahe legendären Ruf genießt der Sunday Brunch. *435 Zi. | ab 250 Euro | 160 E. Pearson St. | Tel. 312 2 66 10 00 | www.fourseasons.com | U-Bahn/El Red Line bis Chicago*

Trump International Hotel ☆ (129 D3) (*☐ E7*)

Der Trump Tower ist nach dem Willis Tower das zweithöchste Gebäude von Chicago. Komfortable Designermöbel und europäische Daunenbetten schaffen ein exklusives Ambiente, im üppig eingerichteten Bad lockt eine Badewanne mit Nackenstütze und einem im Spiegel integrierten Mini-Fernseher. *339 Zi. | ab 330 Euro | 401 N. Wabash Ave. | Tel. 312 5 88 80 00 | www.trumpcollection.com/ chicago | Bus 2, 3, 10, 26, 125, 143–148, 151, 157 bis Wacker*

Hyatt Regency Chicago ⭐ (129 D4) (*☐ F8*)

Das größte Hyatt-Hotel der Welt mit zwei supermodernen Wohntürmen. Die Lobby mit ihren Bäumen und Panoramafenstern ist eine Attraktion. *2019 Zi. | ab 200 Euro | 151 E. Wacker Dr. | Tel. 312 5 65 12 34 | www.chicagoregency. hyatt.com | U-Bahn/El Brown Line, Green Line, Orange Line bis Randolph*

4 67 08 00 | www.rivernorthhotel.com |
Bus 65 bis LaSalle

INSIDER TIPP ▶ SOFITEL WATER TOWER ☼ (128 C1) (ℳ E6)
Dramatischer Look, keilförmige Fassade, viel Glas und moderne Kunst – die bekannten französischen Architekten und Designer Jean-Paul Viguier und Pierre-Yves Rochon haben mit ihrem Superhotel einen „Hingucker" in Chicago geschaffen. Mit allerbester Aussicht auf die Wolkenkratzer der City. *415 Zi. | 20 E. Chestnut St. | Tel. 312 3 24 40 00 | www. sofitel.com | Bus 22 bis Chestnut*

INSIDER TIPP ▶ VILLA D' CITTA (126 B6) (ℳ C2)
Elegante Villa nicht weit vom Oz Park mit romantischen, bestens ausgestatteten Zimmern und Suiten, Jacuzzi auf der Dachterrasse, lauschigem Innenhof, Saunen und Gourmetfrühstück. *6 Zi. | 2230 N. Halsted St. | Tel. 312 7 71 06 96 | www. villadcitta.com | U-Bahn/El Brown, Purple, Red Line bis Fullerton*

WHITEHALL HOTEL ★ (129 D1) (ℳ E6)
Intimes Luxushotel in einem ehemaligen Wohnhaus aus den 1920er-Jahren. Europäische Eleganz und moderner Komfort bestimmen das Ambiente, die Zimmer sind im viktorianischen Stil eingerichtet. *221 Zi. | 105 E. Delaware Pl. | Tel. 312 9 44 63 00 | www.thewhitehallhotel.com | U-Bahn/El Red Line bis Chicago*

HOTELS €

BEST WESTERN GRANT PARK (131 D4) (ℳ F11)
Preiswertes Hotel mit Standardzimmern. Der Morgenkaffee und die Tageszeitung sind inklusive, auch die Benutzung des Fitnessraums kostet nichts. *172 Zi. | 1100*

S. Michigan Ave. | Tel. 312 9 226 29 00 | www.bestwestern.com | U-Bahn/El Red Line bis Roosevelt/State

INSIDER TIPP ▶ CARLTON INN MIDWAY (135 E5) (ℳ I5)
Sehr saubere und komfortable Zimmer in einem preiswerten Motel nahe dem Midway Airport. Das freundliche Personal gibt Tipps für Besichtigungstouren und hilft beim Planen. Zum Flughafen fährt ein Shuttlebus. *72 Zi. | 4944 S. Archer Ave. | Tel. 773 5 82 09 00 | www.*

Tradition und Stil vereint das Luxushotel The Drake am Lake Michigan

carltoninnmidway.com | U-Bahn/El Orange Line bis Pulaski

CITY SUITES CHICAGO (135 E3) (⌖ I3)

Ordentliches Hotel mit komfortablen Räumen, WLAN und kleines Frühstück inklusive. 45 Zi./Suiten | 933 W. Belmont St. | Villa Park | Tel. 773 4 04 34 00 | www.chicagosuites.com | U-Bahn/El Red Line bis Belmont

HAMPTON INN & SUITES
(128 C3) (⌖ E7)

Die Kette ist bekannt für ihre hellen Zimmer, an deren Wänden vergrößerte historische Postkarten hängen. Swimmingpool und Sauna im Haus, das Frühstück gibt es umsonst. 553 Zi./Suiten | 33 W. Illinois St. | Tel. 312 8 32 03 30 | www.hamptonsuiteschicago.com | U-Bahn/El Red Line bis Grand

LOW BUDGET

▶ Das Chinatown Hotel gehört zu den preiswertesten Herbergen (ab 50 Dollar) in Chicago, die Ausstattung ist entsprechend spärlich. Kostenloser Internetzugang! 46 Zi. | 214 West 22nd Pl. (132 B2) (⌖ E13) | Tel. 312 2 25 88 88 | U-Bahn/El Red Line bis Cermak/Chinatown

▶ Das Chicago Getwaway Hostel, eine Jugendherberge am Lincoln Park mit Einzelzimmern und Schlafräumen (ab ca. 25 Dollar), ist ganzjährig geöffnet. WLAN, Frühstück und mehr sind kostenlos. Gästeküche. 616 W. Arlington Pl. (126 C1) (⌖ C1) | Tel. 773 9 29 53 80 | www.getawayhostel.com | U-Bahn/El Red Line, Brown Line bis Fullerton

INSIDER TIPP ▶ HEART O'CHICAGO MOTEL (135 E3) (⌖ I3)

Ein Doppelzimmer um die 80 Dollar? Eine Seltenheit in Chicago. Dieses Motel bietet zudem ausgesprochen saubere Zimmer und ein kostenloses Continental Breakfast, und auch das Parken kostet keinen Pfennig. Lediglich der Verkehrslärm der nahen Hauptstraße trübt den Wohngenuss. 45 Zi. | 5990 North Ridge Ave. | Tel. 773 2 71 91 81 | www.heartochicago.com | Bus 22 bis Clark/Elmdale

HOTEL MONACO (129 D4) (⌖ E8)

Ein sehr schönes, geschmackvoll und farbenfroh eingerichtetes Boutiquehotel, das auch wegen seiner zentralen Lage sehr beliebt ist (auch viele Zimmer in der Kategorie €€). 192 Zi. | 225 N. Wabash Ave. | Tel. 312 9 60 85 00 | www.monaco-chicago.com | U-Bahn/El Red Line bis Washington, Green, Brown, Orange Line bis Randolph

OHIO HOUSE MOTEL (128 C3) (⌖ E7)

Sauber und einfach, in der Nähe der Clubs und Restaurants an der Gold Coast gelegen. Preiswerter kann man so zentral kaum wohnen. 50 Zi. | 600 N. La Salle St. | Tel. 312 9 43 60 00 | www.ohiohousemotel.com | U-Bahn/El Red Line bis Grand

RED ROOF INN (129 D2) (⌖ F7)

Einfaches Motel der bekannten Kette mit sauberen Zimmern. Für Reisende, die sparen oder ihr Geld für anderes ausgeben wollen. 195 Zi. | 162 E. Ontario St. | Tel. 312 7 87 35 80 | www.redroof.com | U-Bahn/El Red Line bis Grand

TRAVELODGE DOWNTOWN CHICAGO
(131 D2) (⌖ E10)

Im geschäftigen Loop gelegenes Mittelklassehotel mit einfach eingerichteten Zimmer zu vergleichsweise günstigen Preisen. Nur wenige Schritte zu Restaurants, Kaufhäusern und den Shops der State Street. *200 Zi. | 65 E. Harrison St. | Tel. 312 4 27 80 00 | www.travelodge.com | Bus 147, 151 | U-Bahn/El Red Line bis Harrison*

THE WILLOWS HOTEL (135 E3) (⌂ l3)
Romantisches Vorstadthotel mit einer eindrucksvollen Lobby. Kleine, sehr gemütliche Zimmer, europäisch-klassisch eingerichtet. Das Frühstück ist im Preis inbegriffen. *45 Zi. | 555 W. Surf St. | Wrigleyville | Tel. 773 5 28 84 00 | www.willowshotelchicago.com | Bus 156 bis Sheridan/Surf*

CAMPING, HOSTELS, FERIENWOHNUNGEN

CHICAGO NORTHWEST KOA CAMPGROUND (136 B4) (⌂ b4)
Etwa 65 Meilen nordwestlich der City gelegener Campingplatz mitten in ländlicher Umgebung mit lichten Wäldern. Zeltplätze um die 40 Dollar, in einer kleinen Blockhütte schläft man für 70 Dollar. *8404 S. Union Rd. | Union, IL | Tel. 815 9 23 42 06 | www.chicagonwkoa.com | Metra-Vorortzug bis Union*

HOSTELLING INTERNATIONAL CHICAGO (129 D6) (⌂ E10)
Übernachtungen ab 30 Dollar in sauberen, nach Geschlechtern getrennten 6-Bett-Zimmern. Keine Altersbeschränkung. 2006 und 2007 als bestes großes Hostel weltweit ausgezeichnet. *24 E. Congress Parkway | Tel. 312 3 60 03 00 | www.hichicago.org | U-Bahn/El Green Line bis Harrison*

VACATION RENTALS
Diese sehr verlässliche Agentur bietet Ferienwohnungen mit einem oder mehr

Eingezwängt zwischen eindrucksvollen Wolkenkratzern steht das Hotel Monaco

Schlafzimmern in Chicago und Umgebung an. Alle Wohnungen sind im Internet mit mehreren Fotos und genauen Angaben vertreten. Besonders mit mehreren Personen sind solche Unterkünfte oft preiswerter und bequemer als ein Hotel. *www.vacationrentals.com*

STADTSPAZIERGÄNGE

Die Touren sind im Cityatlas, in der Faltkarte und auf dem hinteren Umschlag grün markiert

1 BLICK NACH OBEN: WOLKENKRATZER IM UND UM DEN LOOP

Hans-guck-in-die-Luft geht durch Chicago. Bei dieser Tour wandert der Blick ständig nach oben, zu den Spitzen der legendären Wolkenkratzer, die in der Windy City sozusagen erfunden wurden und die von der architektonischen Entwicklung erzählen. Dauer: ca. 4 Std.

Vom nostalgischen Skyscraper bis zum futuristischen Glaskasten – dieser Spaziergang führt durch ca. hundert Jahre Wolkenkratzerarchitektur. Weltberühmte Architekten wie Frank Lloyd Wright, Ludwig Mies van der Rohe und Helmut Jahn haben der Stadt ihren unverwechselbaren Stempel aufgedrückt, vom Ende des 19. Jhs. bis ins dritte Jahrtausend hinein. Startpunkt ist die Michigan Avenue Bridge, ein idealer Treffpunkt am Chicago River. Über die Michigan Avenue geht es nach Süden zum **Carbide and Carbon Building → S. 32,** das wirkt, als würde es aus einem schwarzen Sockel wachsen – zweifellos eines der schönsten Gebäude der Stadt. Die grüne Terrakottaverkleidung hat viel von ihrem Glanz verloren, aber an der Spitze funkeln immer noch verspielte Ornamente aus Blattgold.

Der Spaziergang führt weiter über die Lake Street und an der östlichen Grenze des Loop entlang. Die Michigan Avenue, von den Böen der Windy City sauber gefegt, liegt wie eine prächtige Allee zwischen Grant Park und Loop. Rechts rattert die legendäre El über die hochgelegten

Bild: im Chicago Cultural Center

Zu Fuß durch die Windy City: Straßenkunst und repräsentative Stadthäuser zwischen alten und neuen Wolkenkratzern

Schienen. Zwischen Randolph und Washington Street liegt das **Chicago Cultural Center,** ein Zentrum für Ausstellungen und Konzerte, das 1897 erbaut wurde und mit seiner Grandezza an die Paläste in Florenz und Venedig erinnern soll. Folgen Sie nun der Madison Street nach Westen, gehen unter der lärmenden El hindurch und in den Loop, das geschäftige Zentrum der Stadt. Auf der State Street, der legendären Geschäftsstraße der Windy City, geht es nach Süden. Der Versuch, diese einstige Verkehrsader

in eine Fußgängerzone zu verwandeln, misslang gründlich, und seit einigen Jahren rollen wieder Autos über die State Street. So aber kommt das Großstadtfeeling auch besser an. In Chicago ist fast immer Rushhour.

Zwischen Madison und Monroe Street gehört der Wolkenkratzer des **Carson Pirie Scott and Company Store** zu den mutigsten Gebäuden des eigenwilligen Architekten Louis H. Sullivan, der die Höhe des Hauses durch dynamische Ornamente und schlanke Säulen im Innern

Wie der Turm einer gotischen Kathedrale wirkt der Chicago Tribune Tower

unterstrich. Danach biegen Sie rechts in die Van Buren Street, gehen vorbei an der Chicago Public Library zum **Monadnock Building → S. 35,** das zwischen der Van Buren und der Jackson an der Dearborn Street wartet. Es gilt als Paradebeispiel für die Chicago School of Architecture. Alle Formen und Ornamente sollen die Funktion eines Gebäudes unterstreichen, lautete das Credo der damaligen Architekten, und das ist bei diesem nüchternen Backsteingebäude von 1891 perfekt gelungen.

Über die Jackson Street geht es zur La Salle Street und zum **Chicago Board of Trade → S. 32,** dem schönsten Wolkenkratzer aus der Art-déco-Ära. Am Wacker Drive ragen die schwarzen Quader des **Willis Tower → S. 36** in die Wolken, der viele Jahre lang das höchste Gebäude der Welt war. Bei klarem Wetter geht der Blick über die Stadt und über den

riesigen Lake Michigan. Danach führt Sie der Spaziergang über die Adams Street nach Osten zurück. Kurz vor der Clark Street geht es ins **Rookery Building → S. 36,** das mit einer prächtigen Lobby aus Marmor beeindruckt. Sie wurde von Frank Lloyd Wright zu Beginn des 20. Jhs. entworfen. Folgen Sie der Clark Street nach Norden, und ruhen Sie sich auf der stimmungsvollen **INSIDER TIPP▶** **Chase Plaza** in der Sonne aus (natürlich nur, wenn das Wetter mitspielt). Stühle sind reichlich vorhanden. Hier können Sie sich auch einen Hotdog schmecken lassen – so wie die vielen Büroangestellten, die hier ihre Mittagspause verbringen.

Bevor es weiter in die Randolph Street nach Osten geht, besuchen Sie auf jeden Fall das **James R. Thompson Center → S. 33** des Architekten Helmut Jahn, das mit seiner kühnen Glas- und Stahlkonstruktion ein wenig an ein Raumschiff erinnert. Der Spaziergang führt dann weiter in die State Street, dann rechts in die Lake Street und über Wabash und South Street zur Michigan Avenue zurück. Jenseits der Brücke gehört das 1924 erbaute **Wrigley Building** zu den bekanntesten Wolkenkratzern der Stadt. Gegenüber bildet der **Chicago Tribune Tower → S. 37** den Endpunkt des Spaziergangs.

② HÄUSER DER OBEREN ZEHNTAUSEND: DIE GOLD-COAST-TOUR

Die Goldene Küste bekam ihren Namen in der Zeit nach dem großen Feuer (1871), als wohlhabende Bürger sich prächtige Villen vor allem an der North Astor Street errichteten. Die Goethe Street und die Schiller Street erinnern an die deutschen Einwanderer, die sich hier niederließen. Dauer: ca. 3 Std.

Der Spaziergang beginnt am Oak Street Beach, dem populären und schicken

Strand zwischen Lake Shore Drive und Lake Michigan. Auch wochentags bevölkern Radler und Inliner die asphaltierten Wege, der Sand wird an schönen Tagen zum Tummelplatz für sonnenhungrige Städter, die im See ein Bad nehmen.

Durch die Unterführung, über der der North Lake Shore Drive verläuft, erreichen Sie die Division Street. Biegen Sie kurz darauf nach rechts in die North Astor Street ein, an der die meisten Prachthäuser der einstigen oberen Zehntausend liegen. An der Kreuzung Astor/Goethe Street warten gleich mehrere vornehme Adressen: *1316* und *1322 N. Astor* wurden um 1930 von Philip B. Maher gebaut, zwei Paradebeispiele für den modernen und sachlichen Stil nach dem Ersten Weltkrieg. Die **James L. Houghteling Houses** *(1308* und *1312 N. Astor St.)* wurden 1888 fertiggestellt und gehören zu den schönsten Town Houses dieser Zeit. Von Goethe zu Schiller: An der Kreuzung Astor Street/Schiller Street und nördlich davon liegen das INSIDER TIPP **Charnley-Persky House** *(1365 N. Astor St.)*, das von Frank Lloyd Wright und anderen Architekten 1892 entworfen wurde und als erstes modernes Haus Amerikas bezeichnet wird. Nur spärlich dekoriert, besitzt es ein in der Mitte liegendes, lichtdurchflutetes Treppenhaus. Das **Joseph T. Ryerson House** *(1406 N. Astor St.)* wurde 1922 von David Adler erbaut. *1444 N. Astor* erinnert an die Art-déco-Wolkenkratzer der City, und das **Tudor House** *(1451 N. Astor St.)* fällt mit seinen schmalen Fenstern ins Auge. Am East Burton Place führt der Weg nach links, vorbei am **Patterson-McCormick Mansion** *(20 E. Burton Pl.)*, einem italienischen Palazzo, der auch in Venedig stehen könnte und ein Geburtstagsgeschenk für die Tochter des Verlegers der „Chicago Tribune" war.

Weiter geht der Spaziergang über die North State Street nach Norden zum North Boulevard, wo der Sitz des römisch-katholischen Erzbischofs, ein rotes Backsteinhaus, an das alte England erinnert. Das **Chicago History Museum → S. 41,** in einem großen Gebäude am Lincoln Park untergebracht, lohnt einen Besuch, allerdings sollten Sie eine Extrastunde dafür einplanen, wenn Sie sich für die Stadtgeschichte interessieren.

Erholung ist auf der North Wells Street angesagt, die zwei Blocks weiter nach Süden abzweigt. Sie führt durch **Old Town → S. 41,** eines der Vergnügungsviertel der Stadt, und lockt mit zahlreichen Restaurants, Straßencafés und Shops. Über die East Goethe, North Astor und East Division Street geht es dann zum Strand zurück.

KUNST UNTER FREIEM HIMMEL: DIE LOOP-SCULPTURE-TOUR

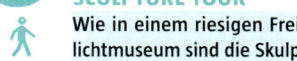

Wie in einem riesigen Freilichtmuseum sind die Skulpturen weltberühmter Künstler auf den Loop verteilt. Ein Spaziergang durch dieses Open-Air-Museum kostet keinen Cent und führt durch die belebte Innenstadt der Windy City . Dauer: 2 Std.

Dieser Rundgang beginnt im Loop an der Ecke Dearborn und Jackson Street, an der **U-Bahn-Station Jackson** der Linien Red und Blue, auf den belebtesten Straßen der Riesenstadt. Wer dem U-Bahnhof entstiegen ist, sieht sich vier Skulpturen gegenüber: „The Town-Ho's Story" von Frank Stella im **Metcalf Federal Building,** „Ruins III" von Nita K. Sutherland, „Lines in Four Directions" von Sol Lewitt und einer der schönsten Plastiken im Loop, dem orangefarbenen „Flamingo" von Alexander Calder vor dem **Federal Center,** einer spinnenartigen eleganten Stahlkonstruktion mit kühnen Schwingen, die den Künstler an einen Flamingo erinnerte.

Über die Clark Street geht es nach Süden und über die Van Buren Street nach Westen. Zwischen La Salle und Sherman Street steht „San Marco II", 1986 von Ludovico de Luigi geschaffen. Nach rechts folgen Sie dem Wacker Drive bis zur Adams Street. „Gem of the Lakes" wurde 1990 von Raymond Kaskey gestaltet. In der Lobby des **Willis Tower → S. 36** steht eine zweite Plastik von Alexander Calder, „The Universe".

Über die Adams Street gehen Sie nun nach Osten und über die Wells Street nach Norden. Zwischen Monroe und Madison Street ist Frank Stella mit „Loomings" und „Knights and Squires" vertreten, zwischen Madison und Washington Street steht „Dawn Shadows" von Louise Nevelson. Die Skulpturen ragen wie selbstverständlich aus der steinernen Wüste und verweisen in ihrer Struktur auf die Loop-Hochbahn, von der sich Nevelson inspirieren ließ.

Über die Randolph Street geht es nun nach Osten. An der North LaSalle Street erhebt sich die erfindungsreiche „Freeform" von Richard Hunt, und der „Flight of Daedalus and Ikarus" von Roger Brown symbolisiert die ersten Flugversuche der Menschen. „The Monument with Standing Beast", eine Plastik von Jean Dubuffet, die 1985 zu seinem 84. Geburtstag enthüllt wurde, versucht, mit dem **James R. Thompson Center → S. 33** von Helmut Jahn zu konkurrieren. Im **Daley Center** in der Dearborn Street finden Gerichtsverhandlungen statt, aber der vollen Aufmerksamkeit der Besucher darf sich eher die Plastik von Pablo Picasso erfreuen. Seit 1967 steht die 160-t-Skulptur an dieser Stelle, ein abstraktes Wesen, teils Frau, teils Schmetterling, teils Raubtier, von den Chicagoern eher geduldet als geliebt.

Von der Dearborn Street gehen Sie in die Washington Street, zu „Miró's Chicago", einer abstrakten Frau mit ausgestreckten Armen, die 1981 an Joan Mirós 88. Geburtstag enthüllt wurde. Das letzte Kunstwerk in dem „Museum ohne Wände" ist das 13 m breite Mosaik „Die vier Jahreszeiten", das Marc Chagall 1975 schuf und Chicago zum Geschenk machte. Hier, auf der **Chase Plaza,** endet dieser Rundgang durch den Loop.

4 UNI UND MUSEEN: RUND UM DEN HYDE PARK

Auf den Spuren von Barack Obama besuchen Sie im Univiertel am Hyde Park den Campus und interessante Museen. Dauer: 1 Std. plus Museumsbesuche

Mit der Präsidentschaft von Barack Obama avancierte das Univiertel am Hyde Park zum attraktiven Touristenziel. Sie erreichen den **Hyde Park → S. 44** mit dem Metra Electric Train, der ungefähr eine Viertelstunde für die Fahrt zur

51st/53rd Street braucht. Ähnlich lange benötigt der Jeffrey Jump J 14 Bus vom Wacker Drive. Über den Hyde Park Boulevard geht es nach Westen und dann nach rechts in die Greenwood Avenue. **Barack Obamas Privathaus** *(5046 S. Greenwood Ave.)* können Sie allerdings nur aus der Ferne betrachten, da es aus Sicherheitsgründen weiträumig abgesperrt wurde. Für jeden zugänglich ist der **Seminary Coop Bookstore** *(5757 S. University Ave.)* auf dem Unigelände, in dem Obama Stammkunde war.

Über die 56th Street erreichen Sie das **DuSable Museum of African-American History** *(Di–Sa 10–17, So 12–17 Uhr | Eintritt 10 Dollar)* mit einer eindrucksvollen Ausstellung afroamerikanischer Geschichte und Kultur. Ein eigener Flügel ist Harold Washington gewidmet, dem ersten afroamerikanischen Bürgermeister von Chicago. Haben Sie genügend Zeit, sollten Sie eine Weile auf dem Campus bleiben und sich am Anblick des **Midway Plaisance,** eines anmutigen Parks, und der **Bond Chapel** erfreuen. Interessant auch die Henry-Moore-Statue „Nuclear Energy".

Ein Spaziergang über den Campus bringt Sie zum **Oriental Institute Museum** *(Di, Do–Sa 10–18, Mi 10–20.30, So 12–18 Uhr | 1155 E. 58th St. | Eintritt frei)* mit einer großen Sammlung ägyptischer Kultur. Zu den 35 000 Artifakten gehören eine 6 t schwere Statue des 1337 v. Chr. gestorbenen ägyptischen Königs Tut-anchamun und vierzehn Mumien.

Einen Häuserblock weiter wartet in der Woodlawn Avenue mit dem **Robie House → S. 46** eines der eindrucksvollsten Häuser des Architekten Frank Lloyd Wright. Die klaren Linien repräsentieren den Prairie House Style. Am östlichen Ende der 57th Street erhebt sich das **Museum of Science and Industry → S. 45,** eines der ersten interaktiven Museen der Welt. Highlights hier sind ein Kohlebergwerk und ein deutsches U-Boot.

Schwindelerregender Blick in den Innenhof des James R. Thompson Centers

MIT KINDERN UNTERWEGS

ADAMS PLAYGROUND PARK
(126 A3) (ℳ B3)
Einer der größten Kinderspielplätze in der Stadt mit Wasserspielplatz im Sommer. Regelmäßige Programme, geleitet durch Parkmitarbeiter. Die Riesensandkiste wird mit einem Sonnenschirm geschützt. Auch Picknickplätze können reserviert werden. *Tgl. 6–23 Uhr | 1919 N. Seminary Ave. | Tel. 312 7 42 77 87 | www. chicagoparkdistrict.com/parks | El Brown Line bis Purple Armitage*

AMAZING CHICAGO **(129 F3) (ℳ G7)**
Ein Irrgarten, der alle Sinne anspricht: Aufregende Effekte machen die Entdeckungstour durch das *Fun House „Maze"* zu einem echten Abenteuer. Magische Spiegel, rotierende Lichttunnel und andere Späße bereiten nicht nur jungen Besuchern Vergnügen. *Sommer Mo–Do, So 10–22, Fr, Sa 10–24 Uhr | Eintritt 9,99 Dollar | 600 E. Grand Ave. | Navy Pier | Tel. 312 5 95 53 75 | www. amazingchicago.com | Bus 29, 65, 66, 124 bis Navy Pier*

AMERICAN CHILD CARE SERVICE
(129 E3) (ℳ F7)
Absolut seriöse und sehr zuverlässige Agentur speziell für Touristen: Professionelle (und versicherte) Babysitter passen im Hotel auf die Kleinen auf. *26 Dollar/Std., Minimum 4 Std. | 207 E. Ohio St. | Tel. 312 6 44 73 00 | www. americanchildcare.com*

CHICAGO CHILDREN'S MUSEUM ★
(129 F3) (ℳ G7)
Spielerisch entdecken und lernen dürfen Kinder in diesem Museum, in dem alles angefasst werden darf. Im „WaterWays" lernen die kleinen Besucher die Bedeutung und den Nutzen des Wassers kennen, indem sie kleine Dämme bauen, Brunnen gestalten und (natürlich) das feuchte Element verspritzen. Kinder können nach Saurierknochen buddeln oder einen Wolkenkratzer konstruieren. Im „Tinkering Lab" können ältere Kinder unter Anleitung mit Werkstoffen, aber auch mit dem Computer kreativ werden. „Kids Town" ist eine Modellstadt, in der Kinder unter fünf spielen dürfen. *Tgl. 10–17, Do bis 20 Uhr | Eintritt 14 Dollar, Do 17–20 Uhr frei | 700 E. Grand Ave. | www. chicagochildrensmuseum.com | Bus 29, 65, 66, 120, 121, El Red Line bis Grand/ State, von dort kostenloser Trolley*

Action und Fun für Kids: ein paar Tipps, mit denen Chicago auch für seine jungen Besucher zum Erlebnis wird

CHICAGO KIDS COMPANY

Fantasievolles Theater für Kinder bis 12 Jahre, meist Märchen-Musicals mit bunten Kulissen und Schauspielern in aufregenden Kostümen. Die Zuschauer dürfen mitsingen und werden in die Handlung einbezogen. *Zeiten und Preise variieren | Locations: Beverly Arts Center, W. 111th & S. Western Ave. | St. Patricks Performing Arts Center, 5900 W. Belmont Ave. | Wright College Theatre, 4300 N. Narragansett Ave. | Tel. 773 2 05 96 00 | www.chicagokidscompany.com*

INSIDER TIPP LEGOLAND DISCOVERY CENTER (134 B2) *(ﾛﾛ H2)*

Vergnügungspark mit vielen bunten Klötzchen für Kinder zwischen 3 und 10 Jahren. Inzwischen gibt es auch Star-Wars-Abenteuer mit Lego, ein „4 D"-Kino und ein Duplo-Dorf für die ganz Kleinen. *Im Sommer tgl. 10–19, sonst Mo–Fr 12–19, Sa/So 10–19 Uhr | Eintritt 12–18 Dollar | 601 N. Martingale Rd. | Schaumburg | Tel. 847 5 92 97 00 | www.legolanddiscoverycenter.com | El Blue Line bis Rosemont, dann Bus 606 bis Northwest Transportation Center*

MCDONALD'S – THE FUTURE AT NAVY PIER (129 F3) *(ﾛﾛ G7)*

McDonald's mal ganz anders – nämlich mit Laser-Lightshows, Videos und Computerspielen. Und neben Big Macs und McNuggets gibt's auch coole Gimmicks zu kaufen. *Tgl. 8–21 Uhr | 600 E. Grand Ave. | Tel. 312 8 32 16 40 | Bus 29, 65, 66, 120, 121, El Red Line bis Grand/State, von dort kostenloser Trolley*

WINNEMAC PARK (135 E3) *(ﾛﾛ L3)*

Große Parkanlage mit Aktivitäten für alle Altersgruppen: Fußball, Softball, Spielplatz, Wander- und Laufwege, Prairie-Garten, Fitnessanlage, Crosstraining usw. *Tgl. 6–23 Uhr | 5101 N. Leavitt St. | Tel. 312 7 42 51 01 | www.chicagoparkdistrict.com/parks | El Brown Line bis Damen-Brown*

DIE GROSSEN SEEN

Ein Strandurlaub tief im Herzen des Kontinents gefällig, eine Wanderung entlang felsiger Küste oder doch lieber ein Besuch in Detroit bei den blitzblank polierten Oldtimern von Henry Ford? Die Region um die Großen Seen kann all dies bieten und hält dazu noch einige Überraschungen bereit.

Die Anrainerstaaten der Seen – Ohio (OH), Indiana (IN), Michigan (MI), Illinois (IL), Wisconsin (WI) und Minnesota (MN) – besitzen zwar nicht die Dramatik des Westens mit seinen roten Cañons und Wüsten, doch viele kleinere Attraktionen gestalten den Urlaub abwechslungsreich. Es ist eine liebliche, sattgrüne Landschaft, ähnlich wie in Mitteleuropa, die sich über die eiszeitlich geformten Hügel um die Großen Seen hinzieht. Riesige Farmen im Süden, unendlich scheinende Waldgebiete im Norden, herrliche Dünenlandschaften entlang der fast 6000 km langen Küsten, Sandstrände und felsumrahmte Buchten. Und dazwischen pittoreske Ferien- und Fischerorte, feine Golfresorts und stille Wanderreviere, die in Europa kaum bekannt sind. Ein Land also für Entdecker, die dann auch auf so stimmungsvolle Landstriche stoßen werden wie das Amish Country in Indiana, wo deutschstämmige Bauern einfach und gottgefällig leben wie ihre Ahnen vor zweihundert Jahren.

Einige interessante Ausflüge lassen sich per Mietwagen mühelos in ein oder zwei Tagen von Chicago aus unternehmen, so etwa ein Badetrip zu den Indiana Dunes nahe Michigan City. Andere Ziele bedeu-

Zwischen Lake Erie und Mississippi: Autorennen und historische Städtchen, Farmland und weite Dünenstrände

ten Ausflüge von mehreren Tagen: die idyllische Door Peninsula in Wisconsin oder das historische Städtchen Galena am Mississippi. Um die Region der Großen Seen wirklich kennenzulernen, sollten Sie sich zwei bis drei Wochen Zeit gönnen – am besten im Hochsommer, wenn Sie baden möchten. Sonst sind auch das ruhigere Frühjahr und der farbenprächtige Herbst sehr gute Reisezeiten.

Informationen über das kanadische Nordufer der Großen Seen und die Ni-

agara-Fälle finden Sie im MARCO POLO Band „Kanada Ost".

CLEVELAND

(137 F5) (∅ f5) Stahlkochereien und hässliche Hafenbezirke bestimmten früher für lange Zeit das Bild der Industriestadt (2,9 Mio. Ew. im Großraum) am Südufer des Lake Erie.

Anfang des 19. Jhs. war Cleveland, OH ein wichtiger Wirtschaftsstandort Ameri-

![Einst Lager und Speicher, heute Ateliers und Wohnungen: „The Flats" in Cleveland](image)

Einst Lager und Speicher, heute Ateliers und Wohnungen: „The Flats" in Cleveland

kas mit Firmen wie Rockefellers Standard Oil Company. Nach dem Zweiten Weltkrieg folgte ein langer, schmerzvoller Niedergang, der die Stadt an den Rand des Bankrotts brachte. Doch in jüngerer Zeit hat die Stadt wieder an Attraktivität gewonnen: Die *Lakefront* am Seeufer und alte Lagerhallenbezirke wie *The Flats* am Cuyahoga River wurden restauriert, im Viertel *University Circle* entstand eine Reihe ausgezeichneter Museen, und Christoph von Dohnányi führte das Cleveland Orchestra zu Weltgeltung. Über den Lake Erie fahren Ausflugsdampfer, und am Ufer kann man kleine Boote mieten.

SEHENSWERTES

CLEVELAND MUSEUM OF ART
Eines der besten Kunstmuseen der „Neuen Welt". Besonders sehenswert ist die **INSIDER TIPP** mittelalterliche Sammlung

mit vielen Stücken aus dem Welfenschatz. *Di, Do, Sa, So 10–17, Mi, Fr 10–21 Uhr | Eintritt frei | 11150 East Blvd. | www.clevelandart.org*

ROCK AND ROLL HALL OF FAME ★
Am Seeufer ein kühner Bau von I. M. Pei, drinnen gibt's Reliquien berühmter Bands und Ausstellungen zur Geschichte der Rockmusik. Auch Musik- und Filmveranstaltungen. *Do–Di 10–17.30, Mi 10–21 Uhr | Eintritt 22 Dollar | E. 9th St./Erieside Ave. | www.rockhall.com*

TERMINAL TOWER
Schönster Punkt für einen Blick über die Stadt ist die Aussichtsplattform im 42. Stockwerk des Terminal Tower im Zentrum. Gleich gegenüber lohnt sich ein Blick in die prächtig verzierte *Arcade (401 Euclid Ave.)* aus dem Jahr 1890 – eine der ersten Shoppinggalerien Amerikas.

ESSEN & TRINKEN

PRESTI'S BAKERY & CAFÉ

Seit vier Generationen werden hier köstliche italienische Backwaren verkauft, dazu himmlische Desserts, Sandwiches, Pasta und mehr. *Tgl. ab 6 Uhr | 12101 Mayfield Rd. | Tel. 216 4 21 30 60 | €*

ÜBERNACHTEN

GLIDDEN HOUSE

Ideale Unterkunft für Kunstfans: ein historischer Inn gegenüber dem Museum of Art. *52 Zi. | 1901 Ford Dr. | Tel. 216 2 31 89 00 | www.gliddenhouse.com | €€*

AUSKUNFT

CONVENTION & VISITORS BUREAU OF GREATER CLEVELAND

334 Euclid Ave. | Tel. 216 8 75 66 80 | www.thisiscleveland.com

ZIEL IN DER UMGEBUNG

SANDUSKY (137 E5) (*ɰ e5*)

In dem riesigen Vergnügungspark *Cedar Point* fahren siebzehn INSIDER TIPP ▶ *rollercoasters* (Achterbahnen), darunter einige der größten, schnellsten und steilsten der Welt. *Anfang Mai–Aug. tgl. | Eintritt 58,99 Dollar | www.cedarpoint.com | ca. 100 km westlich von Cleveland*

DETROIT

(137 E4) (*ɰ e4*) Rußige Fabriken und heruntergekommene Wohnviertel sind die ersten Eindrücke bei der Einfahrt in die mit 4,3 Mio. Menschen wichtigste Metropole im Staat Michigan.

Dabei hat die Stadt am Detroit River, der hier die Grenze zu Kanada bildet, einen großen Namen als Autohauptstadt Amerikas. Hier erfand Henry Ford das Fließband, hier baute Thomas Edison das erste Elektrizitätswerk der Welt, hier stand die erste Verkehrsampel, und hier befinden sich bis heute die gigantischen Autowerke von General Motors, Ford und Chrysler. Eine Stadt, die stolz sein kann auf ihre Leistungen. Blutige Streiks in den Fabriken, Rassenunruhen und eine hohe Kriminalitätsrate haben Detroit, MI jedoch ein schlechtes Image beschert. Erst in den 1990er-Jahren setzte ein Umschwung ein: Einige Slumviertel werden aufgeräumt, und die früher völlig verödete Downtown am Detroit River gewinnt etwas an Leben zurück.

MARCO POLO HIGHLIGHTS

★ **Rock and Roll Hall of Fame**
In Cleveland leben Rock & Blues – von Elvis bis Jimi → S. 96

★ **Henry Ford Museum**
Das Model T und viele andere Oldtimer sind in Detroit zu bewundern → S. 98

★ **Indianapolis Motor Speedway**
Nicht nur während der „Indy 500" interessant → S. 101

★ **Amish Country**
Zeitreise in ein friedvolles, altmodisches Bauernland → S. 103

★ **Taliesin**
Ein Schrein für Frank Lloyd Wright, Amerikas berühmtesten Architekten → S. 107

★ **Sleeping Bear Dunes National Lakeshore**
Dünen wie in der Sahara – bis zu 140 m hoch → S. 107

SEHENSWERTES

BELLE ISLE STATE PARK

Park auf einer Insel im Detroit River mit einem großen Aquarium und dem INSIDERTIPP Dossin Great Lakes Museum *(Sa, So 10–17 Uhr | Eintritt frei | 100 Strand Dr.)*, das die Schifffahrt auf den Seen dokumentiert.

DETROIT INSTITUTE OF ARTS

Neben Klassikern wie Pieter Breughels „Dorfhochzeit" gehören zur Sammlung sehr sehenswerte, die Industrien Detroits darstellende Monumentalgemälde von Diego Rivera. *Di–Do 9–16, Fr 9–22, Sa, So 10–17 Uhr | Eintritt 8 Dollar | 5200 Woodward Ave. | www.dia.org*

HENRY FORD MUSEUM ★

Mit vielen Dutzenden von Oldtimern dokumentiert das riesige Museum die Geschichte der Autoindustrie und der Technologie Amerikas. Angeschlossen ist *Greenfield Village*, ein Freilichtmuseum mit 80 historischen Häusern wie dem Fahrradladen der Wright-Brüder und dem Laboratorium von Thomas Edison. In Restaurants können Sie Pausen einlegen. *Tgl. 9.30–17 Uhr | Eintritt 18 Dollar, inkl. Greenfield 24 Dollar | Village Rd./Oakwood Blvd. | Dearborn | www.thehenryford.org*

ROYAL OAK

Szeneviertel um die *Main Street* im Vorort *Royal Oak*: In Straßencafés und Kneipen zeigen sich die jungen Schönen, Blues dringt aus den offenen Barfenstern.

ESSEN & TRINKEN

ATWATER BLOCK BREWERY

Stimmungsvolle Microbrewery mit offenem Kamin. Eigenes Bier und Snacks. *Tgl. | 237 Joseph Campau St. | Tel. 313 8 77 92 05 | www.atwaterbeer.com | €€*

UNION STREET

Angesagter Hangout mit jungem Publikum, erstklassigen Spareribs und hervorragendem Sunday Brunch. *Tgl. | 4145 Woodward Ave. | Tel. 313 8 31 39 65 | www.unionstreetdetroit.com | €€*

Detroit: Oldtimer im Museum für Henry Ford, den Vater des Fließbands

ÜBERNACHTEN

ATHENEUM SUITE HOTEL

Moderner Turmbau mit 174 Zimmern. Dazu gehört ein gutes Restaurant mit Cajun-Küche: das *Fishbone's Rhythm Kitchen Café. 1000 Brush Ave. | Tel. 313 9 62 23 23 | www.atheneumsuites.com |* €€

AUSKUNFT

DETROIT VISITOR CENTER

211 W. Fort St. | Tel. 313 2 02 18 00 | www.visitdetroit.com

ZIEL IN DER UMGEBUNG

ANN ARBOR (137 E4) (*Ø e4*)

Der Heimatort der University of Michigan (70 km westlich) bildet den liberalen Gegenpol zum konservativen Detroit. Im Sommer stehen zahlreiche kulturelle Festivals auf dem Programm von Ann Arbor, MI (117 000 Ew.).

Zur Universität gehören das *Kelsey Museum of Archaeology (Di–Fr 9–16, Sa, So 13–16 Uhr | Eintritt frei | 434 S. State St. | www.lsa.umich.edu/kelsey)* mit Artefakten aus dem antiken Rom und Hellas und das *University of Michigan Museum of Art (Di–Sa 11–17, So 12–17 Uhr | Eintritt frei | 525 S. State St. | www.umma.umich.edu)* mit Kunstwerken aus Asien, Afrika und Amerika, auch INSIDER TIPP Western Art wird gezeigt. *Auskunft: Ann Arbor Area Convention & Visitors Bureau (120 W. Huron Str. | Tel. 734 9 95 72 81 | www.visitannarbor.org)*

GALENA

(136 A4) (*Ø a4*) Das charmante historische Städtchen (3400 Ew.) an einem Seitenarm des Mississippi besaß im 19. Jh. den wichtigsten Hafen nördlich von St. Louis.

Erst in den letzten Jahrzehnten wurde das gut erhaltene Kleinod aus den Bürgerkriegstagen wieder entdeckt: Die ornamentierten alten Ziegelbauten an der *Main Street* wurden restauriert, und Restaurants, Kunstgalerien und Läden zogen ein. Die prächtigen Kapitänsvillen an den Hängen über dem Galena River bergen heute stimmungsvolle Country Inns und Bed & Breakfasts. Die herrlich verzierte *Belvedere Mansion (1008 Park Ave.)* von 1857 können Sie besichtigen und dabei Einblicke in das Leben eines Reeders im 19. Jh. gewinnen.

Übernachten können Sie in Galena, IL im *De Soto House Hotel (55 Zi. | 230 S. Main St. | Tel. 815 7 77 00 90 | www.desotohouse.com | €€).* Das renovierte Haus aus dem Jahr 1855 liegt mitten in der Altstadt. *Auskunft: Galena/Jo Daviess County Convention & Visitors Bureau (101 Bouthillier St. | Tel. 815 7 77 43 90 | www.galena.org)*

GREEN BAY

(136 C2) (*Ø c2*) Ohne seinen Footballclub wäre Green Bay, WI eine Kleinstadt wie jede andere. Die „Green Bay Packers" sind in den USA so berühmt wie in Europa der FC Barcelona und Manchester United.

Vier Mal haben die Packers den Superbowl gewonnen, dazu insgesamt 13 League Championships. Überall in der Stadt wehen die Fahnen des Clubs. Green Bay (105 000 Ew.) liegt an der gleichnamigen Bucht des Lake Michigan und ist eine der ältesten weißen Siedlungen an den Großen Seen, 1669 gegründet von einem französischen Jesuitenmissionar. Mit Holzindustrie und Handel kam die Stadt zu Reichtum.

GREEN BAY

SEHENSWERTES

HERITAGE HILL STATE PARK

In dem „Living History Museum" wird die Pionierzeit im nordöstlichen Wisconsin lebendig. In zahlreichen Gebäuden demonstrieren Angestellte in historischer Tracht das Leben an der Grenze. *Di–Sa 10–16.30, So 12–16.30 Uhr | Eintritt 9 Dollar | www.heritagehillgb.org*

LAMBEAU FIELD STADIUM TOUR

Insider führen durch das legendäre Stadion und durch den Tunnel, den die Spieler nehmen. Der Schlachtruf „Go Pack Go" schallt als vielfaches Echo durch das Stadion. In der angrenzenden *Hall of Fame* erinnern Pokale und Fotos an erfolgreiche Zeiten. *Tgl. (außer an Spieltagen) | Ticket 11 Dollar | 1265 Lombardi Ave. | www.packers.com/lambeau-field/*

NATIONAL RAILROAD MUSEUM

In dem vorbildlichen Museum warten zahlreichen historische Lokomotiven, darunter ein „Big Boy" der Union Pacific Railroad, die größte Dampflokomotive der Welt, gebaut in den 1940er-Jahren: 40 m lang und fast 600 t schwer, mit achtundzwanzig Rädern. *Mo–Sa 9–17, So 11–17 Uhr (Jan.–März Mo geschl.) | Eintritt 9 Dollar | 2285 S. Broadway | www.nationalrrmuseum.org*

INSIDER TIPP ▶ ONEIDA NATION MUSEUM

Das Museum erinnert mit Waffen, Kleidung, traditioneller und zeitgenössischer Kunst und einem Langhaus aus soliden Stämmen und Baumrinde an die facettenreiche Kultur der Oneida-Indianer, eine der sechs „Nationen" der Irokesen. *Di–Fr 9–17, Juni–Aug. auch Sa 9–16 Uhr, | Eintritt 4 Dollar | W. 892 County Hwy. Ee, De Pere (7 Meilen westlich von Green Bay) | oneida-nsn.gov*

ESSEN & TRINKEN

OGAN RESTAURANT

Brasilianisch-amerikanische Küche in Vollendung – die Inhaberin hat lange in Brasilien gelebt. Interessante, schmackhafte Gerichte. *So, Mo geschl. | 1350 Marine St. | Tel. 920 8 84 67 79 | €€–€€€*

ÜBERNACHTEN

RADISSON HOTEL

Riesiges Hotel im Reservat der Oneida-Indianer, sehr große Zimmer mit zahlreichen Extras. Das *Oneida Casino* liegt nebenan. *409 Zi. | 240 Airport Dr. | Tel. 920 4 94 73 00 | www.radisson.com | €€–€€€*

AUSKUNFT

GREATER GREEN BAY CONVENTION & VISITORS BUREAU

1901 S. Oneida St. | Tel. 920 4 94 95 07 | www.greenbay.com

ZIEL IN DER UMGEBUNG

DOOR PENINSULA (136 C2) (⌦ c2)

Die lang gestreckte Halbinsel nordöstlich von Green Bay ist mit ihrer 400 km langen Küste das wohl beliebteste Feriengebiet Wisconsins. Zerklüftete Felsklippen, malerische Strandbuchten und hübsche Hafenorte ähnlich wie in Neuengland säumen die Küsten, im Binnenland überziehen große Kirschplantagen die Hügel im Frühjahr mit einem Blütenteppich. Die schönsten Dörfer: *Bayley's Harbor, Egg Harbor* und *Fish Creek.* Ein herrliches Revier für Radtouren und gemütliche Tage bei Küstenwanderungen und Fischdinners. Ein ruhiges Plätzchen zum Baden ist der *Whitefish Dunes State Park.* Hauptort ist *Sturgeon Bay* (9000 Ew.). *Auskunft: Sturgeon Bay Visitor Cen-*

Green Bay: Am Heritage Hill erfährt man, dass es bei den Pionieren nicht immer lustig zuging

ter (36 S. Third Ave. | Sturgeon Bay | Tel. 920 7 43 62 46 | www.sturgeonbay.net)

INDIANA-POLIS

(136 C6) (ℳ c6) **Ein Ziel, das sich kein Autosportfan entgehen lassen wird: Auf dem ⭐ Indianapolis Motor Speedway im Nordwesten der Stadt Indianapolis, IN (835 000 Ew.) wird seit 1911 jeweils am letzten Sonntag im Mai das legendäre „Indy 500" gefahren, mit gut 400 000 Zuschauern das größte und berühmteste Autorennen Amerikas.**

Auch wenn nicht gerade Renntag ist, lohnt sich ein Besuch im Fanshop oder im angeschlossenen Museum Hall of Fame (März–Okt. tgl. 9–17, Nov.–Feb. 10–16 Uhr | Eintritt 5 Dollar | Indianapolis Motor Speedway | www.indy500.com), von dem aus täglich Führungen über die Rennstrecke angeboten werden. Auskunft: Visit Indy (200 S. Capitol Ave.,

Suite 300 | Tel. 317 2 62 30 00 | www.visitindy.com)

ZIEL IN DER UMGEBUNG

CONNER PRAIRIE (137 D6) (ℳ d6) Dieses große Freilichtmuseum nordöstlich von Indianapolis im Vorort Fishers (ca. 35 km vom Zentrum) zeigt anschaulich das Leben der ersten Siedler in Indiana. Es finden wechselnde Ausstellungen und Events über die Pionierzeit, den Bürgerkrieg sowie Konzerte des Indianapolis Symphony Orchestra statt. Im Sommer Di–So 10–17 Uhr | Eintritt 15 Dollar | 13400 Allisonville Rd. | www.connerprairie.org

LAKE COUNTY

(136 B–C4) (ℳ b–c4) **Das Lake County an der Westküste des Lake Michigan zwischen Chicago und Milwaukee gehört zu den beliebtesten Naherholungsgebieten von Chicago.**

Am Seeufer und im Hinterland locken weite Sandstrände und romantische Seen, nur wenige Meilen vom Interstate entfernt bieten die Factory Outlets von *Gurnee Mills* ein ungetrübtes und vor allem preiswertes Shoppingvergnügen: Die *Gurnee Mills Mall (Mo–Fr 10–21, Sa 10–21.30, So 11–19 Uhr | 6170 W. Grand Ave. | www.simon.com/mall/gurnee-mills)* lockt mit über 200 Factory Outlets bekannter Hersteller und einem riesigen Outdoor Store.

Gleich nebenan begrüßen Bugs Bunny und Wiley E. Coyote die Besucher des Themenparks *Six Flags Great America (Mai–Okt. | Öffnungszeiten siehe Website | Eintritt 66,99 Dollar, Kinder 46,99 Dollar | I-94 & Route 132 | www.sixflags.com/greatamerica)*, des größten Vergnügungsparks im Chicagoland mit mehr als 100 verschiedenen Attraktionen.

Der wohl schönste Strand im Lake County steht unter Naturschutz – der *Illinois Beach State Park* nördlich von Waukegan. Noch abgelegener ist die *Chain o' Lake Conservation Area* in *Spring Grove* im äußersten Nordwesten des Bezirks an der Grenze zu Wisconsin, ein Naturschutzgebiet mit einer ganzen Kette von Seen und idealen Angelgebieten. In *Libertyville* wartet die historische Main Street mit zahlreichen Kunstgalerien, Specialty Shops und Restaurants.

MICHIGAN CITY

(136 C5) (⌑ c5) Gigantische Industrieanlagen stehen am Südufer des Lake Michigan – darunter die fünf größten Stahlkochereien Amerikas –, und doch befindet sich hier, eine knappe Fahrstunde östlich von Chicago, auch ein Ferienort.

Michigan City, IN (31 500 Ew.) ist beliebt als nahes Ausflugsziel für die Chicagoer. Zum einen gibt es hier sehr gute Einkaufsmöglichkeiten in Discountmalls wie dem *Lighthouse Place Premium Outlet (6th/Wabash St.)*, vor allem aber unternehmen die Großstädter diesen Ausflug wegen der *Indiana Dunes National Lakeshore*, einem großen Erholungs- und Naturschutzgebiet. Auf fast 30 km Länge erstrecken sich weite Badestrände und hohe Dünen aus Quarzsand, die nach der Eiszeit von den Wellen angehäuft wurden. *Auskunft: La Porte County Convention & Visitors Bureau (4073 S. Franklin St. | Tel. 219 8 72 50 55 | www.michigancitylaporte.com)*

ZIELE IN DER UMGEBUNG

AMISH COUNTRY ★ (137 D5) (*ⓜ d5*)

Rund 100 km östlich von Michigan City liegt die altmodische, heile Welt der Amish, strenggläubiger, mennonitischer Bauern, die jegliche moderne Technik ablehnen und strikt pazifistisch leben. Wie ihre Vorfahren, Einwanderer aus der Schweiz und Deutschland, bestellen sie ihre Äcker mit Zugpferden und kleiden

Flohmarkt, Fr Pferdeauktion), wo an der Route 5 das Kulturzentrum *Menno-Hof (Sept.–Mai Mo–Sa 10–17, Juni–Aug. Mo–Fr 10–19, Sa 10–17 Uhr)* sehr einfühlsam die Religion und die Wanderungen der Amish dokumentiert.

GRAND HAVEN

(136–137 C–D4) (*ⓜ c–d4*)

Grand Haven, MI (11 000 Ew.) liegt etwa 180 km nördlich von Michigan City und

Indiana Dunes Lakeshore: Sandboarding ist nur eine der vielen Attraktionen des Gebiets

sich in bescheidenes Schwarz. Oft sieht man sie in ihren Pferdekutschen am Rand der Highways fahren.

Im *Visitors Center von Elkhart (219 Caravan Dr. | Tel. 574 2 62 81 61)* erhalten Sie eine Broschüre, die den Weg zu den wichtigsten Dörfern im Amish Country weist: nach *Nappanee*, wo im Museumsdorf *Amish Acres (im Sommer So, Mo 10–17, Di–Sa 10–19 Uhr | Eintritt 12,95 Dollar | www.amishacres.com)* mit Lodges, Restaurant und Shop auch eine gut hundert Jahre alte Farm zu besichtigen ist, und nach *Shipshewana (Mai–Okt. Di, Mi*

lockt mit einem zweieinhalb Meilen langen Boardwalk am Ufer des Lake Michigan. Restaurants, Shops und Karussells säumen den breiten Holzsteg. Am South Pier ragen zwei rote Leuchttürme aus den Dünen. Mehr über die Geschichte der siebzehn Leuchttürme an der Westküste von Michigan und über die Geschichte der Region erfahren Sie im *Tri-Cities Historical Museum (im Sommer Di–Sa 10–20, So 12–17 Uhr | Eintritt frei | 200 Washington Ave. | www.tri-citiesmuseum.org)*.

Ein stimmungsvolles Hotel mit gemütlichen Zimmern und Minisuites ist das

Bluewater Inn and Suites (14 Zi. | 1030 S. Harbor | Tel. 616 8 46 74 31 | www. bluewaterinngrandhaven.com | €–€€) gegenüber vom Strand. Auskunft: Grand Haven Area Convention & Visitors Bureau (225 Franklin Ave. | Tel. 646 8 42 44 99 | www.visitgrandhaven.com)

Milwaukee: So mancher blubbert mit der Harley hierher und besucht die Fabrik

HOLLAND (137 D4) *(ロロ d4)*

Von Holländern gegründet wurde diese wunderschön gelegene Stadt (33 000 Ew.) im westlichen Michigan, 150 km nördlich von Michigan City. Im *Nelis' Dutch Village (im Sommer tgl. 10–18 Uhr | Eintritt 10 Dollar | 12350 James St. | www.dutchvillage.com)* werden die Niederlande des 19. Jhs. mit ihren verwinkelten Backsteinhäusern, Gärten und Kanälen lebendig, an den einsamen Stränden hat sich die Landschaft seit den Tagen der ersten Siedler kaum verändert. Während des *Tulip Time Festivals* im Mai blühen viele Tausend Tulpen in allen Farben. *Auskunft: Holland Area Convention & Visitors Bureau (76 E. 8th St. | Tel. 616 3 94 00 00 | www.holland.org)*

SOUTH BEND (136 C5) *(ロロ c5)*

65 km östlich von Michigan City liegt South Bend, IN (101 000 Ew.) inmitten des fruchtbaren Farmlands von Indiana. Bekannt ist der Ort in den USA vor allem für seine hervorragende *University of Notre Dame* mit weitläufigem Campus *(Führungen Mo–Fr)*, doch er ist auch die Heimat eines amerikanischen Mythos: der Studebaker-Autos.

Ein Traum für alle Chromfans ist das *Studebaker National Museum (Mo–Sa 10–17, So 12–17 Uhr | Eintritt 8 Dollar | 201 S. Chapin St. | www.studebakermuseum.org)*: Hier sind alle Studebaker-Modelle von den 1920er-Jahren bis zur Schließung der Firma 1966 zu sehen. *Auskunft: South Bend/Mishawaka Convention & Visitors Bureau (401 E. Colfax Ave., Suite 310 | Tel. 547 4 00 40 09 | www. visitsouthbend.com)*

MILWAUKEE

(136 C4) *(ロロ c4)* Die Stadt am Lake Michigan (600 000 Ew.) verdankt ihren Aufschwung deutschen Einwanderern. Nach der Revolution von 1848/49 strömten Tausende von Deutschen ins europäisch anmutende Wisconsin.

Sie bauten Schulen und Kirchen, gründeten Zeitungen wie „Die Germania" und errichteten Brauereien wie Pabst und Schlitz. Als „deutsches Athen" war Milwaukee, WI damals bekannt. Daneben entstanden große Motorenwerke wie Harley-Davidson. Das Milwaukee von heute überzeugt mit vielen interessanten Museen und historischen Gebäuden, mit originellen Restaurants und Läden sowie einer Reihe von ethnisch-historisch geprägten Festivals wie dem Polish Fest, dem German Fest und den Bastille Days.

SEHENSWERTES

INSIDER TIPP HARLEY DAVIDSON MUSEUM

In dem riesigen Bau kann man sämtliche Maschinen der kultigen Marke besichtigen – darunter auch Spezialanfertigungen für Filme wie „Easy Rider" und „Indiana Jones" –, in Filmen und Fotos werden Geschichte und Geschichten rund um die Motorradlegende lebendig. Biker dürfen direkt vor dem Eingang parken. Der *Museumsshop* (u. a. kultige Lederjacken!) liegt gleich gegenüber. *Mai–Sept. Fr–Mi 9–18, Do 9–20 Uhr (Okt.–April ab 10 Uhr) | Eintritt 18 Dollar | 400 W. Canal St. | www.h-dmuseum.com*

MILWAUKEE ART MUSEUM

Moderne Kunst, Architektur- und Industriedesign, dazu wechselnde Ausstellungen wie „Europäisches Design seit 1985" in einem futuristisch anmutenden Gebäude mit ausfahrbarem Flügeldach des spanischen Architekten Santiago Calatrava. *Di–So 10–17 Uhr (Do bis 20 Uhr) | Eintritt 17 Dollar | 700 N. Art Museum Dr. | www.mam.org*

ESSEN & TRINKEN

LA FUENTE

Gourmet-Mexikaner mit traditionellen und innovativen Gerichten. Die Guacamole wird frisch am Tisch zubereitet. *Tgl. | 625 Fifth St. | Tel. 414 2 71 85 95 | www.ilovelafuente.com | €–€€*

AM ABEND

INSIDER TIPP SAFE HOUSE

Als Unterschlupf für Spione getarnter Nachtclub mit zahlreichen Geheimtüren und anderen Überraschungen. „Our Secret is Service" lautet das Motto. *Mo–Do 11.30–1.30, Fr, Sa 11.30–2, So 11.30–24 Uhr | 779 N. Front St. | Tel. 414 2 71 20 07 | www.safe-house.com*

ÜBERNACHTEN

HYATT REGENCY MILWAUKEE

Am neuen River Walk gelegenes Großstadthotel mit geräumigen Zimmern und schönem Ausblick auf die Stadt. *481 Zi. | 333 W. Kilbourn Ave. | Tel. 414 2 76 12 34 | www.milwaukee.hyatt.com | €€*

AUSKUNFT

MILWAUKEE VISITORS BUREAU

400 W. Wisconsin Ave. | Wisconsin Center | Tel. 414 2 73 72 22 | www.visitmilwaukee.org

ZIELE IN DER UMGEBUNG

CEDARBURG (136 C3) (*ⓜ c3*)

Das hübsche Städtchen (11 500 Ew.) mit vielen Häusern aus der zweiten Hälfte des 19. Jhs., ca. 35 km nördlich von Milwaukee, ist ein beliebter Ausgangspunkt für Autorundfahrten und Radtouren. Dies ist die Region der *Kettle Moraine,* einer lang gestreckten Moränenkette, die sich in der letzten Eiszeit gebildet hat.

Ein INSIDER TIPP Scenic Drive – besonders schön im farbenprächtigen Herbst – führt an kleinen Seen vorbei und durch historische Dörfer wie *Greenbush* nach Norden. *Auskunft: Cedarburg Chamber of Commerce and Visitor Center (W. 61, N. 480 Washington Ave. | Tel. 262 3 77 58 56 | www.cedarburg.org)*

Bester Blick auf den Lake Michigan: Aussichtsplattform im Sleeping Bear Dunes National Lakeshore

MANITOWOC (136 C3) (_Ⓜ c3_)

Von Manitowoc (33 000 Ew., 130 km nördlich von Milwaukee), der „Heimat des großen Geists", setzt die einzige Fähre über den Lake Michigan. Die vierstündige Fahrt mit der „S. S. Badger" nach _Ludington_ sollten Sie zur Hochsaison zeitig buchen _(Tel. 920 6 84 08 88)_.

Das am Hafen gelegene _Wisconsin Maritime Museum (Mitte März–Okt. tgl. 9–17 (Juli, Aug. bis 18), Nov.–Mitte März Mo–Fr 10–16, Sa, So 9–16 Uhr | Eintritt 12 Dollar | 75 Maritime Dr. | www.wisconsinmaritime.org)_ dokumentiert die Geschichte der Schifffahrt auf den Großen Seen. Auch schön am Hafen liegt das ☀ _Best Western Lakefront Hotel (107 Zi. | 101 Maritime Dr. | Tel. 920 6 82 70 00 | €)_ mit gutem Restaurant. _Auskunft: Manitowoc Area Convention & Visitors Bureau (4221 Calumet Ave. | Tel. 920 6 86 30 70 | www.manitowoc.info)_

INSIDER TIPP ST. CHARLES
(136 B4) (_Ⓜ b4_)

160 km südwestlich liegt die romantische historische Kleinstadt mit zahlreichen Theatern, Kunstgalerien und Antique Shops am Ufer des Fox River. Informationen über das Veranstaltungsprogramm und die zahlreichen Low-Budget-Hotels erhalten Sie beim _St. Charles Convention & Visitors Bureau (Tel. 800 7 77 43 73, nur in den USA | www.visitstcharles.com)_. Berühmt sind der Flohmarkt, der riesige _Kane County Flea Market (März–Dez. | Kane County Fairgrounds | Main & Randall St.)_, und die _Kane County Fair (Juli | www.kanecountyfair.com)_, ein typischer Kleinstadtjahrmarkt.

SPRING GREEN

(136 A3) (_Ⓜ a3_) **Kaum jemand hätte je von dem winzigen Farmort (1600 Ew.) im Westen Wisconsins gehört, wäre da nicht der weltberühmte Architekt Frank Lloyd Wright, der hier fast 50 Jahre lang lebte und wirkte.**

So wurde Spring Green, WI zum Pilgerziel für Architekturfreunde aus aller Welt,

die Wrights Privathaus und Studio aus nächster Nähe betrachten wollen. 5 km südlich von Spring Green liegt ⭐ *Taliesin (Mai–Okt. tgl. Führungen | Eintritt ab 20 Dollar | Reservierung empfehlenswert: Tel. 608 5 88 70 90 | Highway 23 | 5607 County Rd. C | www.taliesinpreservation.org)*. Verstreut in einer 2,5 km² großen Parkanlage liegen Frank Lloyd Wrights Privathaus, sein Studio und seine Architekturschule – alle in Gebäuden, die der Meister zwischen 1902 und 1953 entwarf. *Auskunft: Spring Green Area Chamber of Commerce (Jefferson Plaza | 59 E. Jefferson St. | Tel. 608 5 88 20 54 | www.springgreen.com)*

TRAVERSE CITY

(137 D2) (*ℳ d2*) Bunter sommerlicher Rummel an langen Stränden, Fast-Food-Lokale und Motels bestimmen das Bild der Ferienstadt (15 000 Ew.) am Südufer der Grand Traverse Bay.

Ruhiger und idyllischer wird es außerhalb von Traverse City, MI bei Auto- oder Radtouren auf den 🌟 Panoramastraßen am Lake Michigan. *Auskunft: Traverse City Tourism (101 W. Grandview Parkway | Tel. 231 9 47 11 20 | www.traversecity.com)*

ZIELE IN DER UMGEBUNG

PETOSKEY (137 D2) (*ℳ d2*)

Schon während der Wende vom 19. zum 20. Jh. war der kleine Hafenort (6000 Ew.), gut 100 km nördlich an der malerischen Little Traverse Bay, ein bevorzugtes Ziel betuchter Sommerfrischler. Prachtvolle viktorianische Häuser und schöne Alleen im Vorort Bay View zeugen von dieser Zeit. Einen Besuch verdient auch das Bilderbuchstädtchen *Harbor Springs* auf der anderen Seite der Bucht.
Angenehme Unterkunft finden Sie im *Terrace Inn (16 Zi. | 1549 Glendale St. | Tel. 231 3 47 24 10 | www.theterraceinn.com | €)*, einem klassischen Ferienhotel aus der Zeit um 1900. *Auskunft: Petoskey Area Visitors Bureau (401 E. Mitchell St. | Tel. 231 3 48 27 55 | www.petoskeyarea.com)*

SLEEPING BEAR DUNES NATIONAL LAKESHORE ⭐ (137 D2) (*ℳ d2*)

Eines der eindrucksvollsten Naturwunder an den Großen Seen liegt rund 50 km westlich von Traverse City: Auf gut 60 km Länge ziehen sich am Ufer des Lake Michigan gewaltige Wanderdünen hin, die die Westwinde aus dem von den Gletschern zurückgelassenen Sand aufgetürmt haben. Bis zu 140 m hoch sind die Dünen, zwischen denen der 13 km lange 🌟 *Pierce Stocking Scenic Drive* im Südteil des Naturschutzgebiets hindurchführt. Schön für einen Tagesausflug auf dem Wasser ist die Bootsfahrt vom hübschen Fischerort *Leland* zu den *Manitou Islands*, zwei Wildnisinseln vor der Küste *(www.nps.gov/slbe)*.

EVENTS, FESTE & MEHR

Ohne Mexikaner, Chinesen, Iren und Afroamerikaner sähe der Festivalkalender der Windy City wesentlich langweiliger aus. Die Zahl der kulturellen Veranstaltungen ist erstaunlich. Eine Broschüre mit allen Festivals und Veranstaltungen erhalten Sie beim *Chicago Office of Tourism.* Über Termine und Programme informiert: *Department of Cultural Affairs and Special Events (Tel. 312 7 44 33 16).*

FEIERTAGE

1. Jan. *New Year's Day;* **Dritter Mo im Jan.** *Martin Luther King Jr. Day;* **Dritter Mo im Feb** *President's Day;* **Letzter Mo im Mai** *Memorial Day;* **4. Juli** *Independence Day;* **Erster Mo im Sept.** *Labor Day;* **Zweiter Mo im Okt.** *Columbus Day;* **11. Nov.** *Veterans Day;* **Letzter Do im Nov.** *Thanksgiving;* **25. Dez.** *Christmas Day*

FESTE & FESTIVALS

FEBRUAR

▶ *African-American History Month:* Veranstaltungen, Vorträge und Shows zur afrikanisch-amerikanischen Geschichte im Chicago Cultural Center, im Museum of Science and Industry und im DuSable Museum of African-American History

MÄRZ

▶ ⭐ *St. Patrick Day's Parade:* Am Samstag, der dem 17. März am nächsten liegt, lassen es die Iren ordentlich krachen: Der irische Nationalfeiertag wird mit einem lauten Umzug auf dem Columbus Drive gefeiert.

MÄRZ–SEPTEMBER

▶ *Neighbourhood Festivals:* ethnisch gefärbte Stadtteilfeste, z. B. „Neighborhoods of the World at Navy Pier" (Musik, Tanz, Essen) im Frühjahr, das ▶ `INSIDER TIPP` „Cinco de Mayo Festival" im Mai mit lateinamerikanischen Gruppen und das „African/Caribbean International Festival of Life" (Musik, Kunst) im Juli

JUNI

▶ `INSIDER TIPP` ▶ *Printer's Row Lit Fest:* Die Printer's Row (Dearborn Street zwischen Congress und Polk) ist für ihre guten Buchhandlungen bekannt. In der ersten Juniwoche werden neue und antiquarische Bücher auf offener Straße angeboten, und auf sieben Bühnen lesen Bestsellerautoren und junge Talente aus ihren Werken.

Multikultifeste: Zu Märkten, Straßenfesten und Paraden kommt ein reiches Angebot an kulturellen Events

▶ ⭐ *Chicago Blues Festival:* Am ersten Juniwochenende feiert die „Stadt des Blues" ihre Musik. Das Festival gehört zu den bedeutendsten Musikveranstaltungen in den Staaten.

▶ *Chicago Gospel Music Festival:* Konzerte mit den besten Gospelkünstlern des Landes

JUNI/JULI

▶ *Taste of Chicago:* Die besten Restaurants der Stadt bieten Kostproben an. Ende Juni/Anfang Juli wird im Grant Park zehn Tage lang aus allen Töpfen genascht.

▶ *Artworks on Michigan Avenue:* traditionelles Kunstfestival, seit über 20 Jahren immer Anfang Juli

AUGUST

▶ *Northhalsted Market Days*: großes Fest auf der Halsted Street zwischen Belmont Avenue und Addison Street. Livemusik auf drei Bühnen, viele Stände mit Kunsthandwerk und Speisen

▶ *Chicago Air & Water Show:* Riesenspektakel mit Flugzeugen und Booten aus mehreren Jahrzehnten

SEPTEMBER

▶ *The Grant Park Jazz Festival:* traditioneller Treff für Liebhaber des Jazz. Bekannte Künstler und Talente aus der Region spielen im Grant Park (ab Ende Aug.).

▶ *Chicago Gourmet:* Fünfzig Spitzenköche bieten kulinarische Kostproben aus ihren Restaurants, dazu Wein von über dreihundert Weinkellereien. Vorsicht: lange Schlangen vor den Pavillons!

NOVEMBER

▶ ⭐ *Magnificent Mile Lights Festival:* Die Amerikaner lieben Paraden und bunte Lichter. Bei diesem Event am Samstag vor Thanksgiving bekommen sie beides: Beleuchtete Disneyfiguren treffen den Weihnachtsmann auf der „Mag Mile", und die Ladenbesitzer verschenken Schokolade.

LINKS, BLOGS, APPS & MORE

LINKS

▶ www.chicagoplays.com Die „League of Chicago Theatres" informiert ausführlich über alle Theateraufführungen der Stadt. Sogar Spielpläne der kleinsten Theater-häuser irgendwo in den Vororten können abgerufen werden. Gründlicher werden Sie nirgendwo sonst informiert

▶ www.chicagoreader.com Das etablier-te Szeneblatt informiert auch online über alles, was in Chicago gefragt ist: kultu-relle Veranstaltungen, neue Filme und Theaterstücke, Restaurants, Nightlife

▶ www.timeout.com/chicago Noch ein bekanntes Szeneblatt im Netz, beliebt für seine guten Restauranttipps und mit einer speziellen Dating-Seite. Zahl-reiche Geheimtipps von Einheimischen: versteckte Lokale, lauschige Bars, kleine Theater

▶ www.marcopolo.de/chicago Alles auf einen Blick zu Ihrem Reiseziel: Interaktive Karten inklusive Planungsfunktion, Impressionen aus der Community, aktuelle News und Angebote ...

BLOGS & FOREN

▶ short.travel/chi1 Lokale Gourmets tauschen sich aus über neue Restaurants und Geheimtipps, auch abseits der Touristenrouten und außerhalb der Stadt

▶ short.travel/chi2 Exzellente Fotos und Stimmungsbilder eines Feuerwehrmanns aus den Chicagoer Vororten. Auch das ist die Windy City, weit weg vom Touris-tenstrom

▶ www.chicagobearsweblog.com Wenn die Chicago Bears nicht Football spielen, bloggen sie, was das Zeug hält. Alles über den weltbekannten Footballclub mit Terminliste und Kom-mentaren zu allen Spielen

▶ short.travel/chi4 Chicago gehört zu den architektonisch interessantesten Städten der Welt und überrascht mit einer Vielzahl von interessanten Ge-

Egal, ob für Ihre Reisevorbereitung oder vor Ort: Diese Adressen bereichern Ihren Urlaub. Da manche sehr lang sind, führt Sie der short.travel-Code direkt auf die beschriebenen Websites. Falls bei der Eingabe der Codes eine Fehlermeldung erscheint, könnte das an Ihren Einstellungen zum anonymen Surfen liegen.

bäuden, die nach dem Großen Feuer von 1871 entstanden. Kommentare und Gedanken zur City-Architektur

▶ blog.chicagohistory.org Interessante Vorträge und Berichte des Chicago History Museums über die reichhaltige Geschichte der Stadt

▶ short.travel/chi6 Abgefahrene Podcasts über alternative Underground Music. Dazu entsprechend abgedrehte Berichte. Sie kennen garantiert keine einzige Band

▶ short.travel/chi7 Aktuelle Videos aus der Nachrichtenredaktion des TV-Senders NBC Chicago, Channel 5

▶ Watch312.com Online-Fernsehsender mit interessanten Shows über alles, was in Chicago gerade angesagt ist, von Mode, Food und Lifestyle bis zu Prominenten und außergewöhnlichen Events. Auch als App

VIDEOS & PODCASTS

▶ Chicago Pocket Guide Recht ausführlicher Reiseführer mit interessanten Informationen über die Stadt und ihre verborgenen Attraktionen und Schätze

▶ Past Chicago Tragbare Zeitmaschine mit historischen Fotos aus der Stadtgeschichte. Interessante Einblicke ins Chicago der Gangsterzeit und der Schlachthöfe

▶ Chicago Travel Guide and Offline City Map Informativer Guide mit Angaben über ca. 4700 Points of Interest. In Sekundenschnelle die Adresse und den kürzesten Weg zu einer Attraktion finden

▶ MARCO POLO Travel Guide Chicago fürs Smartphone leitet auch ohne Internetverbindung zuverlässig durch den Großstadtdschungel inkl. Routing von A nach B

APPS

▶ short.travel/chi8 Gourmets diskutieren über gute Restaurants in Chicago, über interessante Märkte und verraten, wo es preiswerte Coupons gibt

▶ short.travel/chi9 Einheimische chatten über Chicago und verraten Geheimtipps. Besucher und Touristen dürfen auch mitmachen

NETWORK

PRAKTISCHE HINWEISE

ANREISE

✈ Linienflüge ab Frankfurt kosten je nach Saisonzeit und Airline 500–1200 Euro. Alle internationalen Flüge enden auf dem O'Hare International Airport (ca. 25 km nordwestlich der Innenstadt). Die Blue Line der U-Bahn/El (tagsüber alle 10, abends alle 30 Min., Dauer 45 Min., 5 Dollar) verbindet den Flughafen mit der City. Eine Taxifahrt kostet ca. 40 Dollar, die Wagen werden zugewiesen. Sie können das Taxi mit anderen Fahrgästen teilen, dann wird es billiger (*shared ride*). Der *Airport Express* bringt Sie für 25–30 Dollar ins Stadtzentrum (tgl. 4–23.30 Uhr).
Inlandsflüge enden auf dem kleineren Midway Airport (ca. 16 km südwestlich der Stadt). Verbindungen: Orange Line der U-Bahn/El (alle 7–15 Min.), Taxi (ca. 25 bzw. 13 Dollar bei *shared ride*), Shuttlebus (20–25 Dollar, tgl. 5.15–22.30 Uhr).

🚆 Die Eisenbahn ist in den USA wenig populär. Wer dennoch auf die Züge von *Amtrak* schwört, sollte sich einen preiswerten *Rail Pass* (15, 30 oder 45 Tage Gültigkeit) in einem Reisebüro außerhalb der USA besorgen. *www.amtrak.com*

🚌 Busreisen: Greyhound unterhält ein weit verzweigtes Netz in den USA. *www.greyhound.com*

🚗 Auto: Fünf Interstates verbinden Chicago mit anderen Städten. In der Stadt sollten Sie den Mietwagen in der Garage lassen.

GRÜN & FAIR REISEN

Auf Reisen können auch Sie viel bewirken. Behalten Sie nicht nur die CO_2-Bilanz für Hin- und Rückreise im Hinterkopf (*www.atmosfair.de; de.myclimate.org*) – etwa indem Sie Ihre Route umweltgerecht planen (*www.routerank.com*) – , sondern achten Sie auch Natur und Kultur im Reiseland (*www.gate-tourismus.de; destinet.eu*). Gerade als Tourist ist es wichtig, auf Aspekte wie Naturschutz (*www.nabu.de; www.wwf.de*), regionale Produkte, wenig Autofahren, Wassersparen und vieles mehr zu achten. Wenn Sie mehr über ökologischen Tourismus erfahren wollen: europaweit *www.oete.de*; weltweit *www.germanwatch.org*

AUSKUNFT VOR DER REISE

ILLINOIS BUREAU OF TOURISM
Scheidswaldstr. 73 | 60385 Frankfurt/Main | Tel. 069 25538280 | www.discoverillinois.de, www.wiechmann.de

AUSKUNFT IN CHICAGO

CHICAGO CONVENTION AND TOURISM BUREAU
Chicago Cultural Center | Ende Mai–Aug. Mo–Do 9–19, Fr/Sa 9–18, So 10–18 Uhr | 78 E. Washington St. | Chicago | IL 60602 | Tel. 312 7442400 | www.choosechicago.com

CHICAGO WATER WORKS VISITOR CENTER
Ende Mai–Aug. Mo–Do 9–19, Fr/Sa 9–18, So 10–18 Uhr | 163 E. Pearson, Ecke Mi-

Von Anreise bis Zoll

Urlaub von Anfang bis Ende: die wichtigsten Adressen und Informationen für Ihre Chicago-Reise

chigan Ave. | Tel. 312 7 44 87 83 | www. explorechicago.org

BANKEN & GELD

Öffnungszeiten der Banken: *Mo–Fr 9–15, 16 oder 17 Uhr*

Währung ist der amerikanische Dollar (= 100 Cents). Münzen gibt es zu 1, 5, 10 und 25 Cents, seltener auch zu 50 Cents und 1 Dollar, Scheine zu 1, 2, 5, 10, 20, 50 und 100 Dollar. Alle Scheine haben dieselbe Größe und Farbe.

Wechseln Sie schon zu Hause Geld, einen Teil in US-Dollar-Reiseschecks, die fast überall wie Bargeld akzeptiert werden. Umtausch in Chicagos Innenstadt: *World's Money Exchange | 203 N. La Salle St. | Tel. 312 6 41 21 51.*

Unbedingt zu empfehlen ist eine Kreditkarte (zum Bezahlen der Hotelrechnung oder des Mietwagens ist sie beinahe unerlässlich), möglichst Mastercard/Eurocard oder Visa. Mit den meisten Kreditkarten kann man an Geldautomaten *(ATM)* amerikanische Dollar abheben.

DIPLOMATISCHE VERTRETUNGEN

DEUTSCHES GENERALKONSULAT
676 N. Michigan Ave. | Chicago | Suite 3200 | Tel. 312 2 02 04 80 | germany.info

GENERALKONSULAT ÖSTERREICH
31 E. 69th St. | New York | NY 10021 | Tel. 212 7 37 64 00 | www.bmeia.gv.at

SCHWEIZER BOTSCHAFT
72900 Cathedral Ave. | Washington, DC 2008 | Tel. 202 7 45 79 00 | www.eda. admin.ch

EINREISE

Bei einem Aufenthalt bis zu 90 Tagen genügt ein maschinenlesbarer Reisepass (mindestens bis Ende der Reise gültig). Sie müssen sich spätestens drei Tage vor Abflug online anmelden unter *www.cbp.gov/xp/cgov/travel/id_visa/ esta* (Kosten: 14 Dollar) und außerdem ein Formular des *Pilot Waver Program* ausfüllen, das im Flugzeug verteilt wird.

WAS KOSTET WIE VIEL?

Kaffee	**1,80 Euro**
	für einen Becher (mit kostenlosem Nachschenken)
Souvenir	**10–15 Euro**
	Baseballcap mit Aufdruck
Cola	**1,50 Euro**
	aus dem Automaten
Donut	**0,70 Euro**
	für Schoko-Donut
Benzin	**3 Euro**
	für eine Gallone (3,79 l)
Sneakers	**ab 30 Euro**
	für ein Paar im Kaufhaus

Aus Sicherheitsgründen fotografiert der Immigration Officer jeden Besucher und nimmt Fingerabdrücke. Genaue Informationen zu den relativ häufig wechselnden Einreisebestimmungen finden Sie auch unter *german.germany.usembassy.gov.*

GESUNDHEIT

Vor der Reise empfiehlt sich der Abschluss einer privaten Reisekrankenversicherung. Es bestehen keine Versicherungsabkommen zwischen Deutschland, Österreich oder der Schweiz und den USA, und Sie müssen Ihre Rechnung sofort begleichen (auch mit Kreditkarte möglich). Wenden Sie sich im Krankheitsfall an die Ambulanz eines Krankenhauses oder an die *Chicago Medical Society (Tel. 312 6 70 25 50)*. Informationen im Web: *www.fit-for-travel.de*

WÄHRUNGSRECHNER

€	USD	USD	€
1	1,34	1	0,75
3	4,02	3	2,24
5	6,70	5	3,73
7	9,38	7	5,23
8	10,72	8	5,97
20	26,79	20	14,93
30	40,18	30	22,40
70	93,76	70	52,26
100	133,94	100	74,66

GO-CHICAGO CARD

Die unterschiedlich lang gültige *Go Chicago Card (1 Tag 79,99 Dollar, 2 Tage 115,99 Dollar, 3 Tage 149,99 Dollar, 5 Tage 179,99 Dollar)* bietet bei 25 Sehenswürdigkeiten freien Eintritt. Man erhält sie z.B. im Shop des *Chicago Cultural Center (78 E. Washington St.)*.

INTERNET & WLAN/WIFI

Informationen über Sehenswürdigkeiten, Hotels und Restaurants: *www.discover illinois.org | www.choosechicago.com | chicago.metromix.com | chicago.city search.com | www.chicagoist.com*
WLAN (in den USA: WiFi) gibt es in den meisten großen Hotels (oft kostenlos, ggf. Zugangscode erfragen), im *Coffee*

Shop Starbuck's mit seinen vielen Filialen, in zahlreichen Restaurants und McDonald's-Filialen und kostenlos auch in der *Harold Washington Library (400 S. State St.)*, im *Millennium Park (55 N. Michigan Ave.)*, auf der *Daley Plaza (50 W. Washington St.)* und im *Cultural Center (78 E. Washington St.)* sowie in den meisten Büchereien. Die Pläne, die gesamte Innenstadt mit WiFi auszustatten, wurden vorerst auf Eis gelegt.

KONFEKTIONSGRÖSSEN

Die amerikanischen Größen sind jeweils zuerst aufgeführt.

DAMEN
Kleider, Kostüme: 10=38, 12=40, 14=42, 16=44, 18=46, 20=48
Schuhe: 5 1/2=36, 6=37, 7=38, 7 1/2=39, 8 1/2=40, 9=41

HERREN
Anzüge: 36=46, 38=48, 40=50, 42=52, 44=54, 46=56, 48=58
Hemden: 14=36, 14 1/2=37, 15=38, 15 1/2=39/40, 16=41, 16 1/2=42, 17=43
Schuhe: 6 1/2=39, 7 1/2=40, 8 1/2=41, 9=42, 10=43, 10 1/2=44, 11=45

MASSE & GEWICHTE

1 inch = 2,54 cm
1 foot = 30,48 cm
1 mile (1 Meile) = 1,609 km
1 US-Gallone = 3,787 l
1 ounce = 28 g
1 pound = 0,4555 kg

TEMPERATUREN
Umrechnungsformel von Fahrenheit in Celsius: Fahrenheit minus 32 mal 5 geteilt durch 9 (z. B. 85 °F minus 32 = 53, 53 mal 5 = 265, 265 geteilt durch 9 = 29,4 °C).

MEDIEN

Die bekannteste Zeitung ist die *Chicago Tribune*. Die *Chicago SunTimes* ist ein besseres Boulevardblatt. Überregional bieten sich *USA Today* und die *New York Times* an. Europäische Publikationen finden Sie am Flughafen und in Spezialshops. Über aktuelle Veranstaltungen in der Stadt informiert der kostenlose *Chicago Reader*.

MIETWAGEN

Die großen Firmen findet man in der Innenstadt und am Flughafen. *Tel. kostenlos in den USA: Alamo 1888 8 26 68 93 | Avis 1 800 6 33 34 69 | Budget 1 800 2 18 79 92 | Hertz 1 800 6 54 31 31 | National 1 888 8 26 68 90*

Sie brauchen den Führerschein Ihres Heimatlands und müssen in der Regel 21 Jahre alt sein. Unverzichtbar sind Kreditkarte oder Kaution, denn manche Firmen vermieten nicht gegen Bargeld. Unbedingt nach Sonderangeboten erkundigen! Gibt man den Wagen in einer anderen Stadt zurück, fällt eine beträchtliche *drop-off charge* an.

NOTRUF

Polizei, Feuerwehr und Ambulanz: *Tel. 9 11*

ÖFFENTLICHE VERKEHRSMITTEL

Die Busse und Bahnen (El-Hochbahn und U-Bahn) der *Chicago Transit Authority (CTA)* bilden ein dichtes Netz. Die einfache Fahrt kostet 2,25 Dollar ohne Umsteigen. An Automaten werden aufladbare Magnetkarten ausgegeben. Preisgünstig fährt man mit *1-, 3-, 7-* oder *30-Day Passes (ab 10 Dollar)*, die es an einigen Stationen und in den Visitors Service Centers gibt. *Tel. 312 8 36 70 00 | www.transitchicago.com*

Außerhalb des Stadtgebiets verkehren Vorortbusse. *Tel. 312 8 36 70 00 | www.pacebus.com*

Die Züge der *Metra Railroad* verbinden Chicago mit den meisten Vororten (zahlreiche Bahnhöfe, z. B. Union Station zwischen Adams und Canal St.). *Tel. 312 3 22 67 77 | www.metrarail.com*

PARKEN

Parkplätze sind selten und teuer. Für einen Parkplatz am Straßenrand müssen Sie an einem nahen Automaten ein Ticket ziehen und hinter die Windschutzscheibe legen. Parkhäuser verlangen horrende Preise! In der Parkgarage des Millennium Parks (noch relativ günstig) zahlen Sie ca. 24 Dollar für die ersten drei Stunden. Wer gegen die Parkregeln verstößt, wird sofort abgeschleppt. Bessere Restaurants bieten „Valet Parking" an – ein Bediensteter parkt Ihren Wagen während des Besuchs (kostet ab 15 Dollar aufwärts).

POST

Postämter: *100 W. Randolph St. (Mo–Fr 8–17.30 Uhr) | 222 Merchandise Mart (Mo–Fr 10–17.30 Uhr) | 211 S. Clark St. (Mo–Fr 7–18 Uhr) | 5 S. Wasbah Ave. (Mo–Fr 12–17 Uhr)*

REISEZEIT

Nach Chicago fliegt man am besten im Frühjahr oder Herbst. Die Sommer können nämlich sehr warm, die Winter erbärmlich kalt werden. Vom Lake Michigan weht sehr häufig ein kalter Wind herüber, deshalb sollte man immer wetterfeste Kleidung mitbringen.

SPIRITUOSEN, BIER & WEIN

Alkohol (auch Bier) darf man erst mit 21 trinken. Sollte man Ihnen Ihr Alter nicht ansehen, sollten Sie Pass oder Führerschein dabeihaben. Keine offenen Flaschen oder Dosen im Wagen mitführen, die Polizei greift sofort ein. Alkohol kauft man in Supermärkten und Liquor Stores.

SPORT

Im Lake Michigan kann man Lachse und Forellen fangen; Lizenzen gibt es in Angelgeschäften. Ab *Burnham Park Harbor* (131 E–F 5–6) (*G11–13*) werden auch Angeltouren per Boot angeboten.

Mit dem Fahrrad können Sie die 40 km langen „Bike Routes" am Ufer des Lake Michigan erkunden. *Bicycle Station (Miete ab 9 Dollar/Std. | Millennium Park | www.bikechicago.com)*

Segelboote werden auch mit Skipper vermietet: *Chicago Sailing Club (Miete ab 55 Dollar/Std., 2 Std. Minimum zzgl. Steuern | Belmont Harbor | Tel. 773 8 71 72 45 | www.chicagosailing.com)*

STEUERN

In Chicago gilt eine *sales tax* (Verkaufssteuer) von 9,25 Prozent auf den ausgezeichneten Preis. Die *hotel room tax* beträgt 16,4 Prozent.

WETTER IN CHICAGO

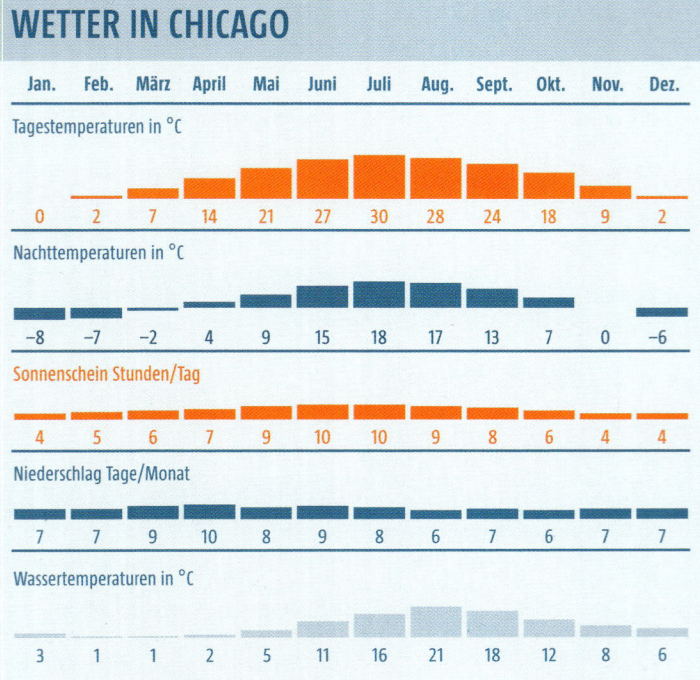

	Jan.	Feb.	März	April	Mai	Juni	Juli	Aug.	Sept.	Okt.	Nov.	Dez.
Tagestemperaturen in °C	0	2	7	14	21	27	30	28	24	18	9	2
Nachttemperaturen in °C	−8	−7	−2	4	9	15	18	17	13	7	0	−6
Sonnenschein Stunden/Tag	4	5	6	7	9	10	10	9	8	6	4	4
Niederschlag Tage/Monat	7	7	9	10	8	9	8	6	7	6	7	7
Wassertemperaturen in °C	3	1	1	2	5	11	16	21	18	12	8	6

STROM

Netzspannung: 110 Volt. Für Steckdosen brauchen Sie einen Adapter, der in Kaufhäusern erhältlich ist.

TAXI

Basispreis 2,25 Dollar für die erste 1/9-Meile, 50 Cent für jede weitere Person, pro 1/9-Meile werden 20 Cent abgerechnet; Benzinzuschlag 50 Cent. Einige Firmen: *Yellow Cab (Tel. 312 8 29 42 22)* | *Flash Cab (Tel. 773 5 61 44 44)* | *Checker Cab (Tel. 312 2 43 25 37)*

TELEFON & HANDY

Von den USA nach Deutschland: 01149 (dann Vorwahl ohne 0 und die Teilnehmernummer); nach Österreich: 01143; in die Schweiz: 01141; Vorwahl in die USA: 001. Ortsgespräche kosten 50 Cent. Nummern, die mit 1-800, 1-877 oder 1-888 beginnen, sind gebührenfrei. Telefonnummern in den USA bestehen aus einer dreistelligen Vorwahl *(area code)* und der siebenstelligen Nummer. Bei Ferngesprächen eine 1 vor dem *area code* wählen, bei Ortsgesprächen lässt man die Vorwahl weg. Bei Problemen hilft der *Operator (Tel. 0)*.

Festnetz: In vielen Läden kann man preiswerte *calling cards* (Telefonkarten, ab 5 Dollar) kaufen.

Anrufe nach Deutschland, Österreich oder in die Schweiz sind nur mit Tri- oder Quad-Band-Handys (funktionieren auch innerhalb der USA) möglich, die Gebühren sind allerdings hoch. *Cell Phones* (Handys) können Sie z.B. bei Mietwagenfirmen mieten. Empfehlenswert ist der Kauf eines Prepaid-Handys (im Supermarkt oder bei Walmart) oder der Kauf einer (Prepaid-)SIM-Karte (z. B. bei T-Mobile), die man nach Belieben auffüllen kann. Wer über Internetzugang verfügt, kann zudem (nahezu) kostenlos per Skype international telefonieren.

TICKETS

Karten für die meisten Veranstaltungen können Sie mit Kreditkarte bestellen bei *Ticketmaster (Tel. 800 6 53 80 00 u. 800 7 45 30 00 | www.ticketmaster.com)* oder bei *Gold Coast Tickets (Tel. 312 6 44 64 46)*. Am Tag der Veranstaltung gibt es Tickets zum halben Preis bei den *Hot Tix Ticket Centers (www.hottix.org)*. Sie müssen in einer der Filialen abgeholt werden: *108 N. State St., Historic Water Tower Visitor Information Center, 72 E. Randolph St.*

TRINKGELD

In Restaurants und Taxis gibt man 15–20 Prozent der Rechnungssumme, ein Gepäckträger bekommt 1 Dollar pro Koffer, der Zimmerservice sollte ca. 1 Dollar pro Nacht erhalten. Jede Dienstleistung sollte mit einem „Tip" belohnt werden.

ZEIT

MEZ minus sieben Stunden. Zur Sommerzeit („Daylight Savings Time", zweiter März- bis erster Novembersonntag) werden die Uhren eine Stunde vorgestellt.

ZOLL

Einfuhr in die USA: Erlaubt sind 1 l Spirituosen, 200 Zigaretten und 100 Zigarren und Geschenke bis 100 Dollar. Zollfrei in die EU: 200 Zigaretten oder 50 Zigarren oder 250 g Tabak, 1 l Spirituosen über und 2 l Spirituosen unter 22 Prozent, 50 g Parfum und 250 g Eau de Toilette sowie Souvenirs für 430 Euro *(ww.zoll. de)*. Sonderregelungen für die Schweiz: *www.ezv.admin.ch/zollinfo_privat*

SPRACHFÜHRER ENGLISCH

AUSSPRACHE

Zur Erleichterung der Aussprache sind alle Begriffe und Wendungen mit einer einfachen Umschrift in eckigen Klammern versehen. Folgende Zeichen sind Sonderzeichen:

ө	wie [s], gesprochen nur mit der Zungenspitze zwischen den Zähnen
ə	nur angedeutetes „e" wie am Ende von „Bitte", immer ohne Betonung
'	Betonung liegt auf der folgenden Silbe

AUF EINEN BLICK

ja/nein/vielleicht	yes [jess]/no [nou]/maybe ['meybih]
bitte/danke	please [plihs]/thank you ['өänkju]
Entschuldige!	Sorry! [ssorri]
Entschuldigen Sie!	Excuse me, please! [iks'kjuhs mih, plihs]
Darf ich ...?	May I ...? [mey ai?]
Wie bitte?	Pardon? ['pahdn?]
Ich möchte .../	I'd like to ... [aid laik tu ...]/
Haben Sie ...?	Do you have ...? [dju häf ...]
Wie viel kostet ...?	How much is ...? ['hau matsch is ...]
Das gefällt mir/nicht.	I love it. [ai laf it]/I don't like it. [ai dount laik it]
gut/schlecht	good [gud]/bad [bäd]
kaputt/funktioniert nicht	broken/doesn't work [broukən/dasnt wöək]
(zu) viel/wenig	(too) much [(tuh) matsch]/(too) little [(tuh) litl]
Hilfe!/Achtung!/Vorsicht!	Help!/Watch out!/Caution! [hälp][watsch aut][kahschn]
Krankenwagen/Notarzt	ambulance ['ämbjulənz]/paramedics [pärə'mediks]
Polizei/Feuerwehr	police [po'lihs]/fire department [faiə depahtment]
Gefahr/gefährlich	danger ['deyndschə]/dangerous ['deyndschərəs]

BEGRÜSSUNG UND ABSCHIED

Gute(n) Morgen!/Tag!/Abend!/Nacht!	Good morning! [gud 'moəning]/day! [dey]/evening! ['ifning]/night! [nait]
Hallo!/Auf Wiedersehen!	Hi! [hai]/(Good) Bye! [(gud) bai]
Tschüss!	See you! [ssih juh]
Ich heiße ...	I'm ... [aim ...]/My name is ... [mai 'näims ...]
Wie heißt du/heißen Sie?	What's your name? [wots joə 'näim]
Ich komme aus ...	I'm from ... [aim from ...]

Do you speak American English?

„Sprichst du Englisch?" Dieser Sprachführer hilft Ihnen, die wichtigsten Wörter und Sätze auf Englisch zu sagen

DATUMS- UND ZEITANGABEN

Montag/Dienstag	Monday ['mandey]/Tuesday ['tjuhsdey]
Mittwoch/Donnerstag	Wednesday ['wensdey]/Thursday ['θöəsdey]
Freitag/Samstag	Friday ['fraidey]/Saturday ['ssätədey]
Sonntag/Feiertag	Sunday ['ssandey]/holiday ['holidey]
heute/morgen/ gestern	today [tə'dey]/tomorrow [tə'morou]/ yesterday ['jestədey]
Stunde/Minute	hour ['auə]/minute ['minit]
Tag/Nacht/Woche	day [dey]/night [nait]/week [wihk]
Wie viel Uhr ist es?	What time is it? [wət 'taim is it]
Es ist drei Uhr.	It's three o'clock. [its ərih əklok]

UNTERWEGS

offen/geschlossen	open [oupən]/closed [klousd]
Eingang/Ausgang	entrance ['entrənts]/exit ['eksit]
Ankunft/Abflug	arrival [ə'raiwl]/departure [di'pahtschə]
Toiletten/Damen/Herren	restrooms ['restruhms]/ladies [leydihs]/men [men]
(kein) Trinkwasser	(no) drinking water [(nou) drinkin wohtə]
Wo ist ...?/Wo sind ...?	Where is ...? [weə is ...]/Where are ...? [weə ah ...]
links/rechts	left [läft]/right [rait]
geradeaus/zurück	straight ahead [sstreyt ə'hed]/back [bäk]
nah/weit	close [klous]/far [fah]
Taxi	Taxi [taksi]/cab [käb]
Bushaltestelle/Taxistand	bus stop [bass sstop]/cab stand [käb sständ]
Parkplatz/ Parkhaus	parking lot ['pahkin lot]/ parking garage ['pahkin ga'rahsch]
Stadtplan/Landkarte	city map ['ssiti mäp]/road map [roud mäp]
Bahnhof/Hafen	train station [treyn ssteyschn]/harbor ['hahbə]
Flughafen	airport ['eahpoət]
Fahrplan/Fahrschein	timetable [taimteybl]/ticket ['tiket]
Zuschlag	additional fare [ə'dischənəl fəah]
einfach/hin und zurück	one way [wan wey]/round trip [raund trip]
Ich möchte ... mieten.	I want to rent ... [ai wont tu rent ...]
ein Auto/ein Fahrrad	a car [ə kah]/a bike [ə baik]
ein Boot	a boat [ə bout]
ein Wohnmobil	a motorhome [ə 'moutəhoum]/ RV (recreational vehicle) [ar'wih]
Tankstelle	gas station [gäss ssteyschn]
Benzin/Diesel	gas [gäss]/diesel [dihsl]
Panne/Werkstatt	breakdown ['breykdaun]/repair shop [ri'peə schop]

ESSEN UND TRINKEN

Reservieren Sie uns bitte für heute Abend einen Tisch für vier Personen.	Would you please make a reservation for a table of four for tonight? [wud ju plihs meyk ə 'resəveyschən foa ə 'teybl əf 'foə foh tunait]
Die Speisekarte, bitte.	The menue, please. [ðə menju plihs]
Könnte ich ... haben?	Could I please have ...? [kud ai plihs häf ...]
Vegetarier(in)/Allergie	vegetarian [wedsche'tərian]/allergy ['älədschi]
Ich möchte zahlen, bitte.	Could I have the check, please? [kud ai häf ðə tschek plihs]

EINKAUFEN

Wo finde ich ...?	Where would I find ...? ['weə wud ai 'faind ...]
Ich möchte .../	I'd like ... [aid laik ...]/
Ich suche ...	I'm looking for ... [aim luking foə ...]
Apotheke/Drogerie	pharmacy ['fahməssi]/drugstore ['drɑgstoə]
Einkaufszentrum	shopping center ['schopping 'ssentə]
teuer/billig/Preis	expensive [iks'penssif]/cheap [tschihp]/price [praiss]
mehr/weniger	more [moə]/less [less]
aus biologischem Anbau	organically grown [or'gänikəli groun]

ÜBERNACHTEN

Ich habe ein Zimmer reserviert.	I've reserved a room. [aif ri'söəvd ə ruhm]
Haben Sie noch ein ...?	Do you still have a ...? [du ju sstil häf ə]
Einzelzimmer	single room [ssingl ruhm]
Doppelzimmer	room for two [ruhm foə tuh]
(Wohnmobil-)Stellplatz	stall [sstal]/space [sspeyss]
Frühstück/Halbpension	breakfast ['brekfəst]/European plan [juro'piən plän]
Vollpension	American plan [ə'märikan plän]/full board [ful boərd]
zum Meer/zum See	oceanfront [ouschnfrant]/lakefront [leykfrant]
Dusche/Bad	shower [schauə]/sit down bath [ssit daun bäə]
Balkon/Terrasse	balcony ['bälkoni]/terrasse ['terass]
Schlüssel/Zimmerkarte	key [kih]/room access card [ruhm 'äksess kard]
Gepäck/Koffer/Tasche	luggage ['lagitsch]/suitcase ['ssuhtkeys]/bag [bäg]

BANKEN UND GELD

Bank/Geldautomat	bank [bänk]/ATM [ey ti em]
Geheimzahl	pin code [pin koud]
Ich möchte ... Euro wechseln.	I'd like to change ... Euro. [aid laik tə tscheynsch ... jurou]
bar/Kreditkarte	cash [käsch]/credit card [kredit kard]
Banknote/Münze	bill [bil]/coin [koin]

GESUNDHEIT

Arzt/Zahnarzt/	doctor ['doktə]/dentist ['dentist]/
Kinderarzt	pediatrician [pedia'trischən]
Krankenhaus/	hospital ['hospitl]/
Notfallpraxis	emergency clinic [i'mertschənsi 'klinik]
Fieber/Schmerzen	feaver [fihvə]/pain [peyn]
Durchfall/Übelkeit	diarrhea [daiə'ria]/sickness ['ssikness]
Sonnenbrand/-stich	sunburn ['ssanbörn]/sunstroke ['ssanstrouk]
Rezept	prescription [prəs'kripschən]
Schmerzmittel/Tablette	pain killer [peyn kilə]/pill [pill]

TELEKOMMUNIKATION & MEDIEN

Briefmarke/Brief	stamp [sstämp]/letter ['lettə]
Postkarte	postcard ['poustkahd]
Ich brauche eine Telefon-	I need a phone card for long distance calls.
karte für Ferngespräche.	[ai nihd ə foun kahd for long disstants kahls]
Ich suche eine Prepaid-	I'm looking for a prepaid-card for my cell phone.
Karte für mein Handy.	[aim luking foə a foun kahd foə mai ssell foun]
Wo finde ich einen	Is there internet access here somewhere?
Internetzugang?	[is θeə 'internet 'äksess hiə 'ssamweə]
Brauche ich eine	Do I need a special area code?
spezielle Vorwahl?	[duh ai nihd a 'speschəl äerea koud]
Steckdose/Adapter/	wall plug [wahl plag]/adapter [ə'däptə]/
Ladegerät	charger [tschatschə]
Computer/Batterie/Akku/	computer/battery/rechargable battery['bäteri]
WLAN	[re'tschahtschablə bäteri]/Wi-Fi ['waifai]

FREIZEIT, SPORT UND STRAND

Strand	beach [bihtsch]
Sonnenschirm/Liegestuhl	sun shade [ssan scheyd]/beach chair [bihtsch tschea]
Fahrrad-/Mofa-Verleih	bike ['baik]/scooter rental ['skuhtə rentəl]
Vermietladen	rental shop [rentəl schop]
Übungsstunde	lesson ['lessən]

ZAHLEN

1/2	a/one half [ə/wan 'hahf]	200	two hundred ['tuh 'handrəd]
1/4	a/one quarter [ə/wan 'kwohtə]	1000	(one) thousand [('wan) θausənd]
10	ten [tän]	2000	two thousand ['tuh θausənd]
20	twenty ['twänti]	5000	five thousand [faiw θausənd]
100	(one) hundred [('wan) 'handrəd]	10 000	ten thousand ['tän θausənd]

EIGENE NOTIZEN

CITYATLAS

North
North Pond
Lincoln
Diversey Harbor Lagoon
Cannon Drive
Theatre on the Lake
Peggy Notebaer Nature Museum

E

F

Simmons Island

¼ mile
400 m

1

Conservatory
Parkway
N Lincoln Park W
N Stockton Drive
N John Cannon
N Lake Shore Drive
Fullerton Beach

Linne Mon

Avenue

Parker School
Formal Gardens
Mammal Habit

Lincoln Park Boat Club

L a k e

Avenue

Lincoln Park Zoo

41

Avenue

Lincoln

Sea Lion Pool
N Ridge

Viking Ship
Duck Pond

8

M i c h i g a n

2

Chicago Academy of Sciences

Park

Armitage
Ave

N Lincoln
N Stockton
Drive
Farm In the Park
Grant Mon

South Pond

Drive

North Ave Beach

3

Park West
N St
Wells
La Salle Mon
Drive
Athletic Field

Bath-House

Monee
Willow Street
North
Street
St Paul Ave
N Chilly
N Ct
W Eugenie St
Benjamin Franklin Mon
Lincoln Mon
W La Salle Dr

N La Salle Drive
N Wells Street

Second City Theatre
Chicago Historical Museum
Moody Church

7

concord
Pl
N North Park
N Wieland
Avenue

North

Boulevard

International Museum of Surgical Science

4

54
Latin School of Chicago
W Germ Pl
N Clark
N Dearborn Pkwy
N State
N Astor

2

W Burton Pl
Ripl Believe It Or Not Mus
W Burton
E Burton

N Lake Shore Drive

School
St Chrysostom's Church
Street
E Schiller
Street
Charnley-Perskky Hse

Gold

Schiller
Ave
Parkway

First St Paul's Church
Sutton Pl
Street
E Banks
Ritchie Court
Circle
E Goethe
Street
Astor

Coast

5

Street
Goudy Sq Park
E Scott
N State
Stone

Scott
Street
Cooley Vocational High School

2

the
Avenue
School

M
Street
Clark / Division

E Division Street
Lake Shore Drive
Synagogue

N
Street
W Elm
St Joseph's Church
W Hill
Church of the Ascension
E Elm

Oak St

St
Maple
Illinois Masonic Med Center
E Cedar
Street

Beach

W Oak
Walter Payton Colol Prep School
W Maple
Carnegie Th
Bellevue
Place
De Paul University
6

N Orleans Street

Orleans
Street

H
Newberry Library

127

Street
School
E Oak
Street

E Lake-Shore

129
Drake Hotel
E Lake Shore
Drive
Street

W Walton

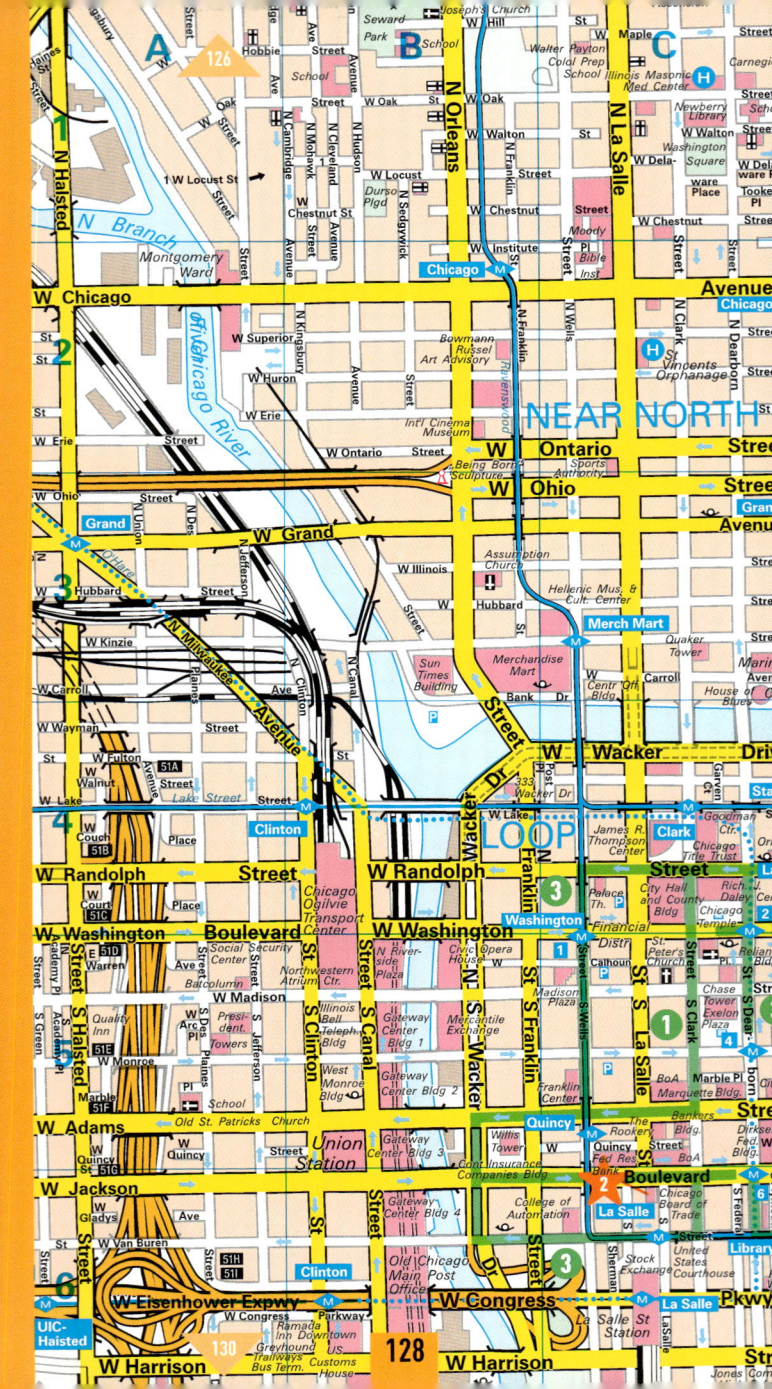

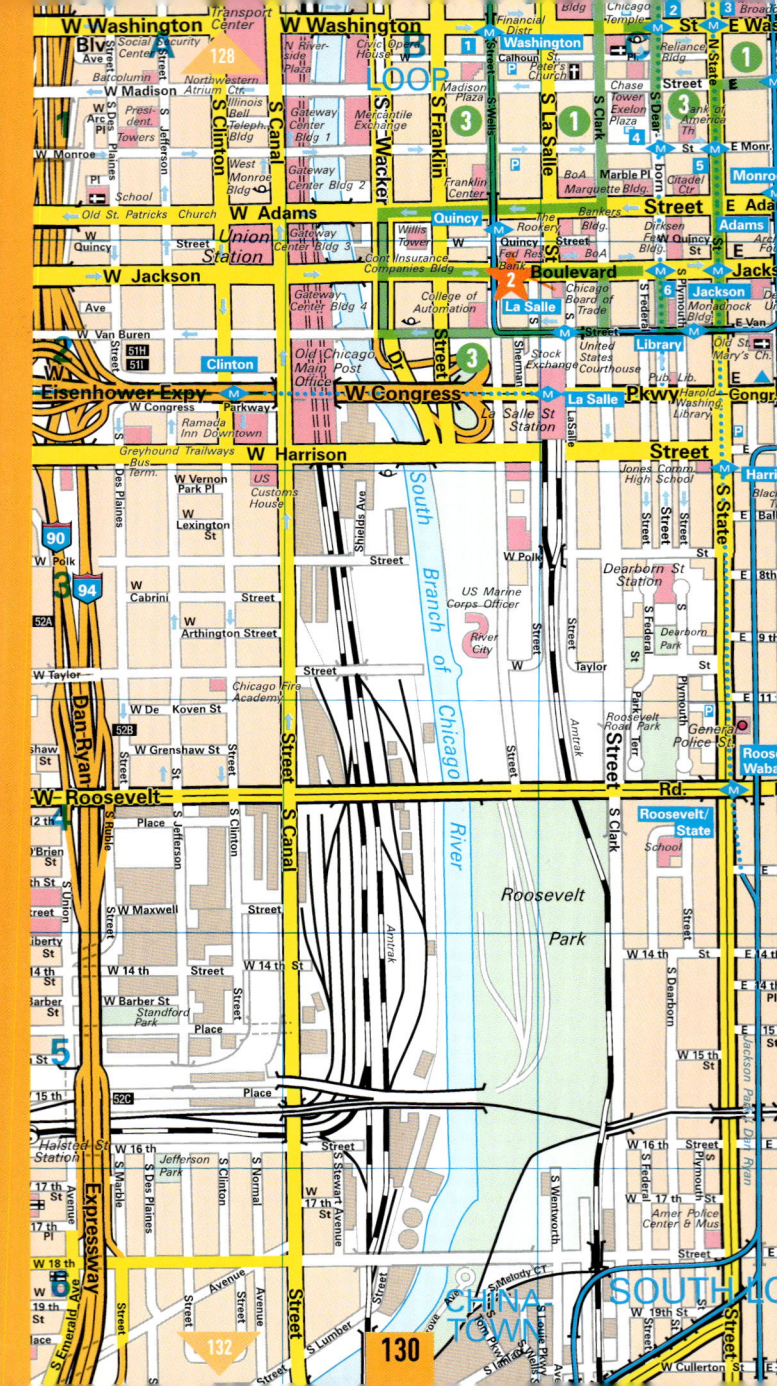

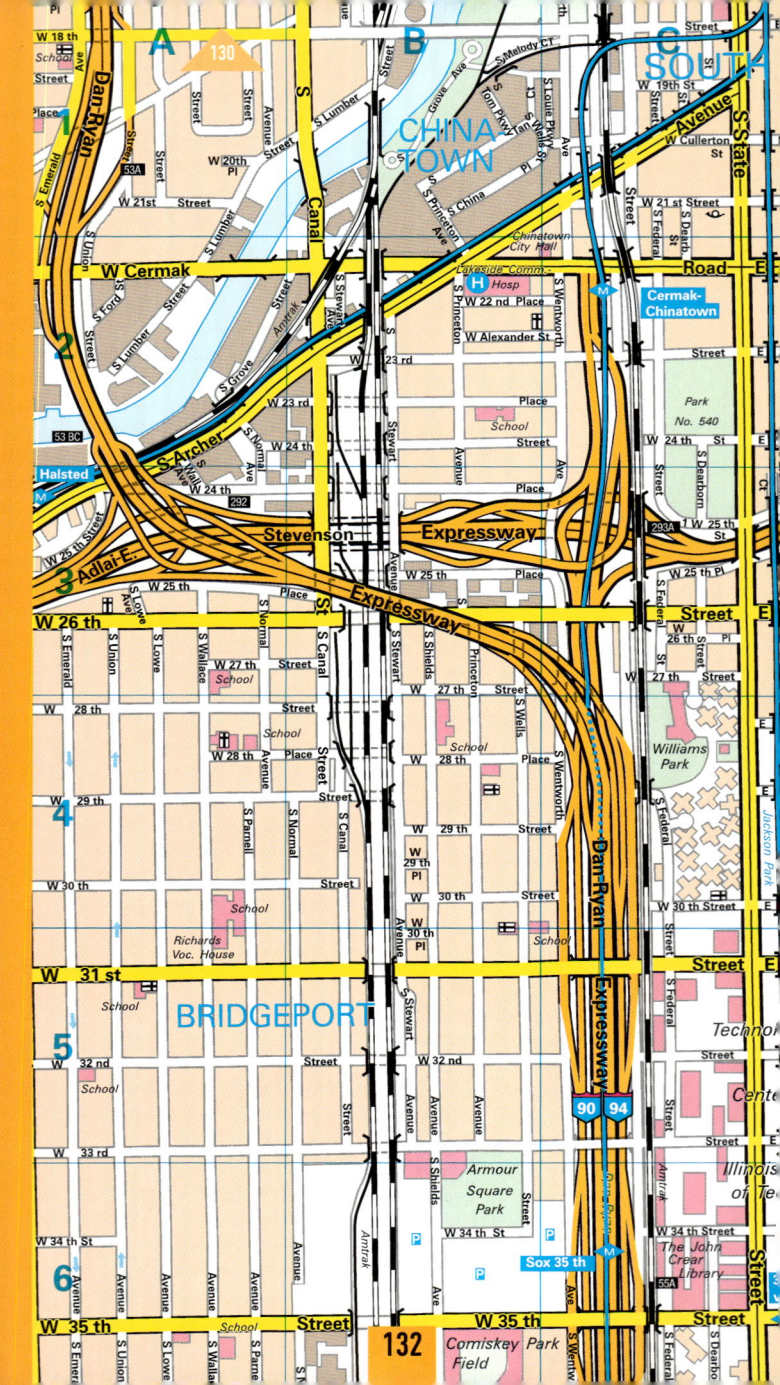

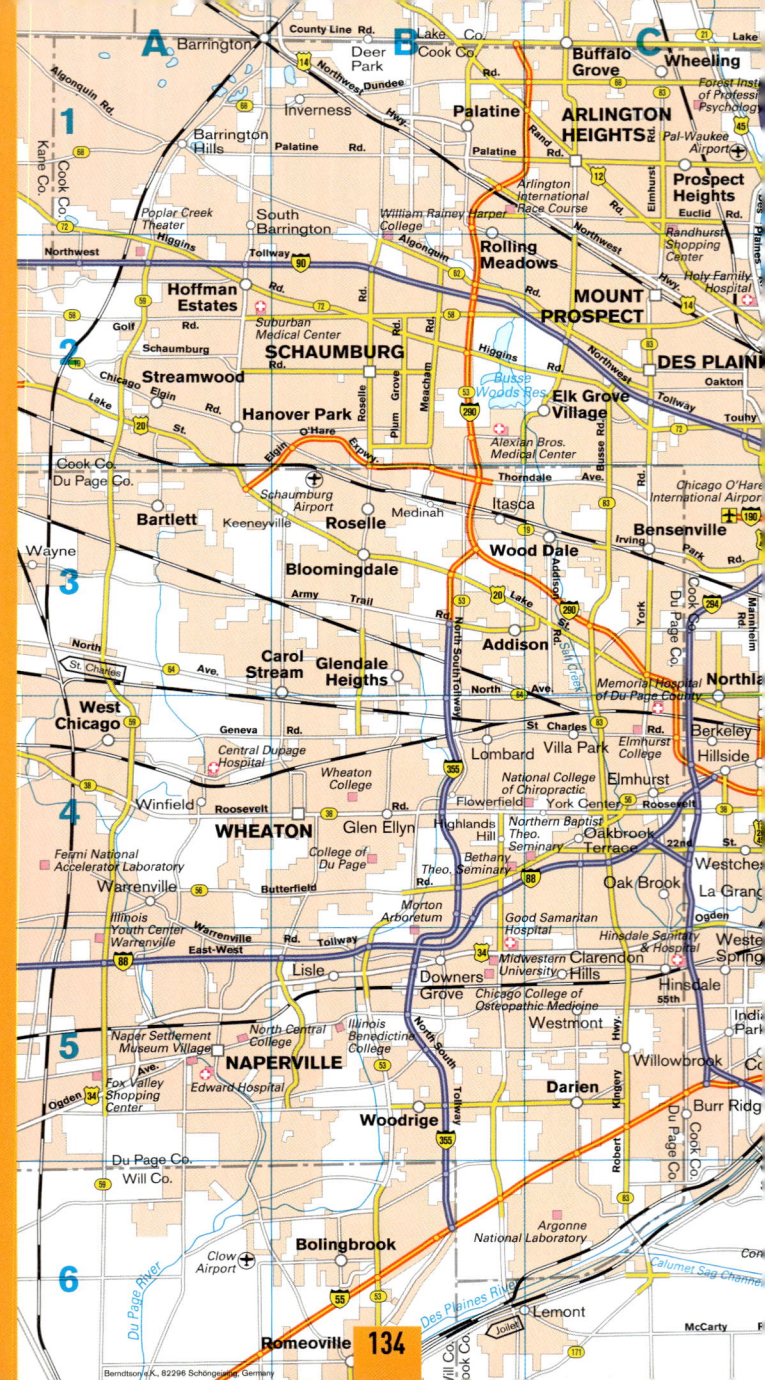

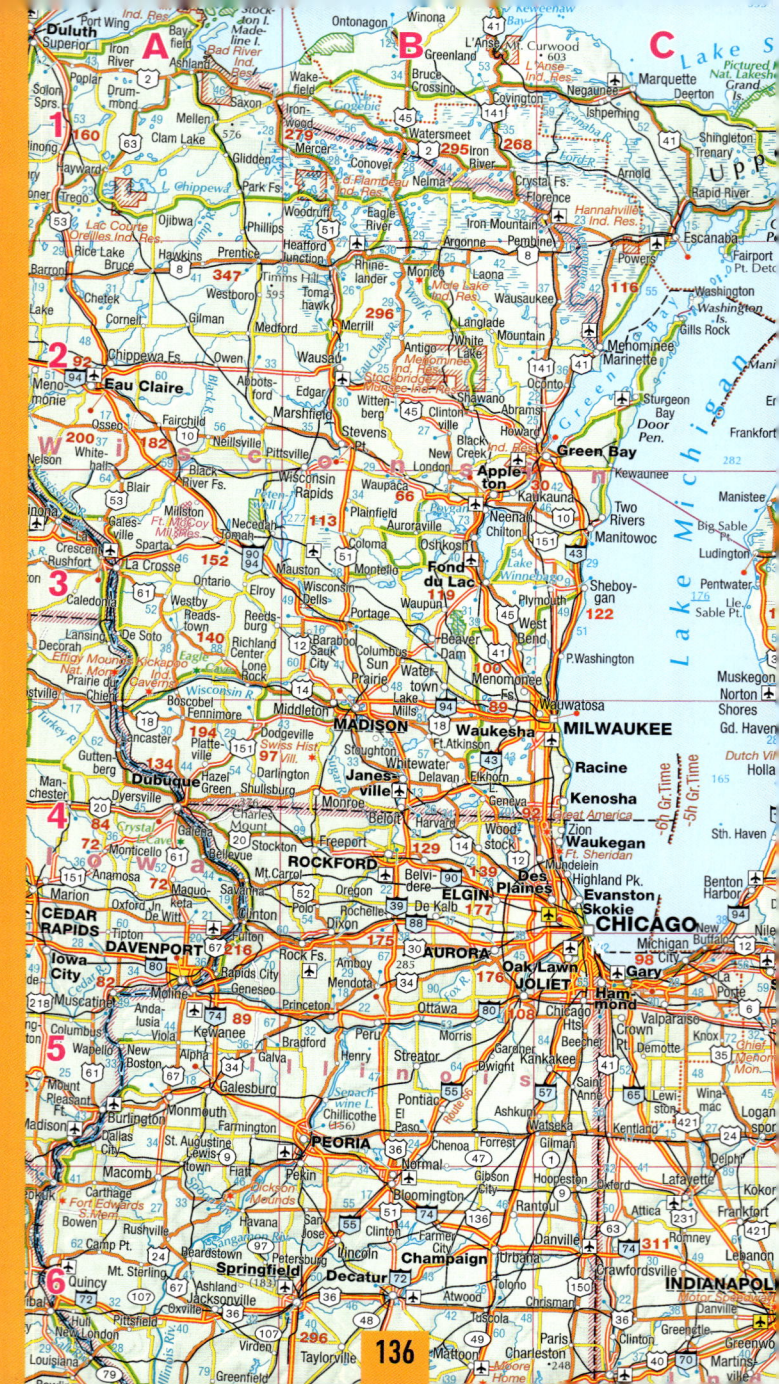

Das Register enthält eine Auswahl der im Cityatlas dargestellten Straßen und Plätze

Freeway - Number of Junction Autobahn - Anschlussstellennummer	**56 A**	Autoroute - Numero d' échangeur Autosnelweg - Nummer van op- en afritten
Highway with four lanes Vierspurige Straße		Route à quatre voies Weg met vier rijstroken
Throughhighway Durchgangsstraße		Route de transit Weg voor doorgaande verkeer
Main road Hauptstraße		Route principale Hoofdweg
Other roads Sonstige Straßen		Autres routes Overige wegen
Main railway with station Hauptbahn mit Bahnhof		Chemin de fer principal avec gare Belangrijke spoorweg met station
Subway U-Bahn	**—M—**	Métro Ondergrondse spoorweg
Landing stage Anlegestelle	⚓	Embarcadère Aanlegplaats
Parking - One-way street Parkplatz - Einbahnstraße	**P** →	Parking - Rue à sens unique Parkeerplaats - Straat met éénrichtingsverkeer
Church - Church of interest - Chapel Kirche - Sehenswerte Kirche - Kapelle	⊞ ■ ⊞	Église - Eglise remarquable - Chapelle Kerk - Bezienswaardige kerk - Kapel
Police station - Post office Polizeistation - Postamt	● ✍	Poste de police - Bureau de poste Politiebureau - Postkantoor
Monument Denkmal	☗	Monument Monument
Radio- or TV tower - Lighthouse Funkturm - Leuchtturm	⌁ ⚡	Tour radio ou télévision - Phare Radio- of televisietoren - Vuurtoren
Hospital Krankenhaus	**Ⓗ**	Hôpital Ziekenhuis
Built-up area - Public building Bebauung - Öffentliches Gebäude		Zone bâtie - Bâtiment public Woongebied - Openbaar gebouw
Industrial area Industriegebiet		Zone industrielle Industrieterrein
Park, forest Park, Wald		Parc, bois Park, bos
Beach Strand		Plage Strand met zwemgelegenheid
Walking tours Stadtspaziergänge		Promenades en ville Wandelingen door de stad
MARCO POLO Highlight	★1	MARCO POLO Highlight

FÜR IHRE NÄCHSTE REISE ...

ALLE **MARCO POLO** REISEFÜHRER

Viele MARCO POLO Reiseführer gibt es auch als eBook – und es kommen ständig neue dazu!
Checken Sie das aktuelle Angebot einfach auf: www.marcopolo.de/e-books

REGISTER

In diesem Register sind alle im Reiseführer erwähnten Sehenswürdigkeiten, Orte und Ausflugsziele sowie einige wichtige Parks und Gebäude aufgeführt. Gefettete Seitenzahlen verweisen auf den Haupteintrag.

BLOSS NICHT

Gefahren und Fauxpas in Chicago – und wie Sie sie vermeiden

OBEN OHNE BADEN

Der Oak Street Beach am nördlichen Ende der Magnificent Mile und der North Avenue Beach sechs Blocks weiter nördlich gehören zu den beliebtesten Stränden am Lake Michigan. Aber auch wenn Chicago eine recht aufgeklärte Stadt ist: Baden Sie niemals oben ohne. Was in Europa erlaubt ist oder zumindest stillschweigend geduldet wird, ist im puritanischen Amerika noch lange nicht selbstverständlich. Sie wandern deshalb zwar nicht ins Gefängnis, fangen sich aber zumindest neugierige bis missbilligende Blicke ein. Empfindliche Bürger rufen möglicherweise sogar die Polizei.

IN TOURISTENFALLEN TAPPEN

Zu den größten Touristenfallen der Stadt gehört das Navy Pier. Schlimm genug, dass die meisten Attraktionen hohe Eintrittspreise verlangen, aber essen und trinken sollte man möglichst woanders. Wasser z. B. kostet auf dem Pier, aber auch im Hancock Building, im Willis Tower und in den Museen mehr als doppelt so viel wie in einem Supermarkt. Gleiches gilt für Ansichtskarten, die man am preiswertesten in einem Drugstore kauft. In den Museen sollten Sie sich nach den Tagen mit freiem Eintritt erkundigen, in Restaurants nach der Happy Hour (zwei Drinks für den Preis von einem, meist gibt es kostenlose Snacks) und in Kinos nach den Matineen.

RESPEKTLOS GEGENÜBER DER POLIZEI SEIN

Amerikanische Polizisten verstehen keinen Spaß und gehen wesentlich rücksichtsloser als ihre Kollegen in Europa vor, wenn sie einem Verdächtigen auf der Spur sind. Amerikaner wissen das, bleiben im Auto sitzen und lassen die Hände auf dem Lenkrad liegen, wenn sie angehalten werden. Auch dann, wenn sie nichts ausgefressen haben. Machen Sie es genauso. Auf der anderen Seite sind die Cops auch freundlich, wenn sie nach dem Weg gefragt werden, und sie helfen Ihnen, wenn Sie mit einer Panne festsitzen.

DURCH DUNKLE STRASSEN GEHEN

Auch falls Sie bei Chicago noch immer an Al Capone und Rassenunruhen denken: Die Stadt ist nicht gefährlicher als Frankfurt, Zürich oder Wien. Wie in vielen anderen US-amerikanischen Städten kehrt das Leben in die Innenstadt zurück, und man ist sogar nachts, auch in der Hochbahn, sicher. Wer nicht die Rolex sichtbar am Handgelenk trägt oder mit Hundert-Dollar-Scheinen wedelt, hat kaum etwas zu befürchten. Natürlich sollten Sie besonders nachts dunkle Ecken, leere Bahnhöfe und Gassen meiden. Nehmen Sie ein Taxi! Wenn überhaupt, drohen Gefahren nur noch im Umfeld der großen Wohnblöcke, z. B. in den ehemaligen Slums von Cabrini Green (westlich der Orleans St.), und abseits des Hyde Parks.

IMPRESSUM

SCHREIBEN SIE UNS!

Egal, was Ihnen Tolles im Urlaub begegnet oder Ihnen auf der Seele brennt, lassen Sie es uns wissen! Ob Lob, Kritik oder Ihr ganz persönlicher Tipp – die MARCO POLO Redaktion freut sich auf Ihre Infos.

Wir setzen alles dran, Ihnen möglichst aktuelle Informationen mit auf die Reise zu geben. Dennoch schleichen sich manchmal Fehler ein – trotz gründlicher Recherche unserer Autoren/innen. Sie haben sicherlich Verständnis, dass der Verlag dafür keine Haftung übernehmen kann.

MARCO POLO Redaktion
MAIRDUMONT
Postfach 31 51
73751 Ostfildern
info@marcopolo.de

IMPRESSUM
Titelbild: The Wrigley Building (Look: age fotostock)
Fotos: M. Braunger (41, 46, 61, 88, 90/91, 94/95, 103, 124/125); Chicago River Canoe & Kayak: Doug Stepnicka (16 u.); DuMont Bildarchiv: Bernhart (5, 50), Frischmuth (7, 92/93, 93, 101, 104, 110 u.); © fotolia.com: arsdigital (17 o.); F. M. Frei (Klappe r., 3 M., 10/11, 15, 25, 60 l., 70/71); Friedrichsmeier: Frischmuth (111); Friedrichsmeier/Photo: argus/P. Frischmuth (24 r.); Getty Images: FoodPix (Zanetti) (60 r.), Gamma-Rapho (Baret) (85), Kersey (108/109), Michael Ochs Archives (Boyd) (49), Photolibrary (Schulz) (42); A. M. Gross (75); © istockphoto.com: Ivan Mateev (16 o.), Gilian van Niekerk (17 u.); G. Jung (54, 110 o.); Laif: Artz (66), Duval (2 M.u., 26/27), Heeb (2 o., 4, 12/13, 86/87), hemis.fr (32), hemis.fr (Frilet) (35), Perousse (2 M.o., 8), Redux/The New York Times (Ryan) (21); Look: age fotostock (1 o., 3 o., 18/19, 38, 62/63), Heeb (Klappe l., 45), Johaentges (30); mauritius images: age (2 u., 52/53), Alamy (3 u., 6, 9, 23, 24 l., 57, 58, 64, 72, 77, 78/79, 80, 83, 92, 96, 106/107, 108, 109), ib (Weber) (36, 69); A. Pinck (1 u.); K. Teuschl (98)

8., aktualisierte Auflage 2015
© MAIRDUMONT GmbH & Co. KG, Ostfildern
Chefredaktion: Marion Zorn
Autoren: Thomas Jeier (Kapitel „Die Großen Seen" von Karl Teuschl), Koautor: Axel Pinck
Redaktion: Arnd M. Schuppius
Verlagsredaktion: Tamara Hub, Ann-Katrin Kutzner, Nikolai Michaelis, Kristin Schimpf, Martin Silbermann
Bildredaktion: Gabriele Forst; Im Trend: wunder media, München
Kartografie Cityatlas: © MAIRDUMONT, Ostfildern; Berndtson e.K., Schöngeising, Germany
Kartografie Faltkarte: © MAIRDUMONT, Ostfildern
Innengestaltung: milchhof:atelier, Berlin; Titel, S. 1, Titel Faltkarte: factor product münchen
Sprachführer: in Zusammenarbeit mit Ernst Klett Sprachen GmbH, Stuttgart, Redaktion PONS Wörterbücher

MIX
Paper from
responsible sources
FSC® C011918